2024

国家统一法律职业资格考试记忆通

诉讼法

飞跃考试辅导中心 编

学科版

中国法制出版社

CHINA LEGAL PUBLISHING HOUSE

编 写 说 明

　　《国家统一法律职业资格考试记忆通》的前身是中国法制出版社飞跃考试辅导中心于 2006 年推出的《司法考试记忆通》。作为一套能够脱颖而出并连续热销多年的考试记忆类图书，为了满足读者高效备考的需要，飞跃考试辅导中心全新编写了"2024国家统一法律职业资格考试记忆通·学科版"系列丛书。本丛书包括《民法》《刑法》《诉讼法》三个分册。本书是《诉讼法》分册。

　　本丛书在编写时突出了三大特点：

　　一、精选核心知识点。众所周知，民法、刑法和诉讼法占据了法考的半壁江山，所以这些科目的复习尤为重要。故本丛书优选近年来考试考查的核心知识点，提炼知识要点，捋清知识脉络，帮助考生提高备考效率。

　　二、随学随练。为了避免考生陷入"一学就懂，一做就错"的备考误区，本丛书在每个专题下配备了精选练习题，通过练习增强对该专题知识点的理解和掌握。

　　三、复习方法独特。本丛书通过图表记忆、比较记忆等方法，使得考点形象化，记忆效果更持久。以图画形式总结零散知识要点，方便考生根据关键词，迅速串联回忆考点内容。

　　因为用心，所以卓越。真诚希望"2024 国家统一法律职业资格考试记忆通·学科版"系列丛书能助广大考生朋友顺利通过法律职业资格考试！

飞跃考试辅导中心

目　　录

第一部分　民事诉讼法

第二部分　刑事诉讼法

第三部分　行政诉讼法

第四部分　三大诉讼法比较记忆

第一部分　民事诉讼法

专题一　基本原则与基本制度

考点 1　基本原则

当事人诉讼权利平等原则	（1）双方当事人的诉讼地位平等。 （2）人民法院平等地保障双方当事人行使诉讼权利。 （3）对当事人在适用法律上一律平等。
同等原则与对等原则	【同等】在我国民事诉讼中，赋予外国人或无国籍人与我国当事人同等的诉讼权利义务。 【对等】外国法院限制我国当事人权利的，我国法院也对该国当事人予以限制。
法院调解自愿和合法的原则	（1）人民法院受理民事案件后，应当重视调解解决。 （2）调解贯穿于诉讼的全过程，在一审、二审乃至再审程序中都可以进行调解。 （3）法院调解要在自愿和合法的基础上进行。 （4）必须反对两种倾向： ①忽视调解的意义，把调解工作看作可有可无； ②滥用调解，久调不决。
辩论原则	（1）辩论权的行使贯穿于诉讼的整个过程。 （2）当事人双方有享有辩论权，该权利当事人可以自己行使，也可以授权诉讼代理人行使。 （3）辩论的内容，可以是程序方面的问题，也可以是实体方面的问题。 （4）辩论既可以通过口头形式进行，也可以运用书面形式表达。 （5）法院应当为当事人行使辩论权提供有效的保障。

辩论原则	（6）辩论原则对法院裁判具有约束性，法庭审理应围绕当事人争议的事实、证据和法律适用等焦点问题进行。
处分原则	当事人有权在法律规定的范围内处分自己的民事权利与诉讼权利。
诚信原则	诚信原则适用于当事人、其他诉讼参与人、法官等所有主体。
检察监督原则	（1）检察院有权对民事诉讼活动（包括审判与执行）实行法律监督。 （2）检察监督的方式包括抗诉与检察建议两种。
在线诉讼与线下诉讼具有同等效力原则	（1）经当事人同意，民事诉讼活动可以通过信息网络平台在线进行。 （2）民事诉讼活动通过信息网络平台在线进行的，与线下诉讼活动具有同等法律效力。

考点 2　审判组织（合议制与独任制）

合议庭的组成	一审普通程序、发回重审	（1）由审判员和人民陪审员共同组成合议庭。 3 人：1（法官）+2（人民陪审员）；2（法官）+1（人民陪审员）。 7 人：3（法官）+4（人民陪审员，对法律适用问题无表决权）；公益诉讼适用。 （2）由审判员组成合议庭。
	二审、提审程序	只能由审判员组成合议庭。
	再审程序	（1）原来是一审的案件，按照一审程序组成合议庭。 （2）原来是二审的案件或者经过提审的案件，按照二审程序组成合议庭。
	特别程序	仅选民资格案件、特别程序案件中的重大疑难的案件、担保财产标的额超过基层人民法院管辖范围的实现担保物权案件，适用合议制，且要求必须由审判员组成。
	公示催告程序	除权判决阶段。
合议庭的主持		（1）审判长负责主持，审判长由院长或庭长担任；院长或庭长未参加合议庭的，由院长或庭长指定合议庭中的审判员 1 人担任。 （2）合议庭评议，实行少数服从多数的原则；形不成多数意见的，报审判委员会决定。评议中的不同意见，必须如实记入评议笔录。

独任制的 适用	（1）一审案件：基本事实清楚、权利义务关系明确的案件（可以）；适用简易程序的案件（应当）；适用小额诉讼程序的案件（应当）。 （2）中级法院对一审适用简易程序审结或者不服裁定提起上诉的二审案件，事实清楚、权利义务关系明确的，经双方当事人同意，可以由审判员一人独任审理。 （3）宣告失踪或者宣告死亡案件、指定遗产管理人案件、认定公民无民事行为能力或者限制民事行为能力案件、认定财产无主案件、确认调解协议案件和实现担保物权案件，除重大、疑难案件外，由审判员一人独任审理。 （4）督促程序。 （5）公示催告程序中的公示催告阶段。 （6）人民法院审理下列民事案件，不得由审判员一人独任审理：①涉及国家利益、社会公共利益的案件；②涉及群体性纠纷，可能影响社会稳定的案件；③人民群众广泛关注或者其他社会影响较大的案件；④属于新类型或者疑难复杂的案件；⑤法律规定应当组成合议庭审理的案件；⑥其他不宜由审判员一人独任审理的案件。 （7）人民法院在审理过程中，发现案件不宜由审判员一人独任审理的，应当裁定转由合议庭审理。当事人认为案件由审判员一人独任审理违反法律规定的，可以向人民法院提出异议。人民法院对当事人提出的异议应当审查，异议成立的，裁定转由合议庭审理；异议不成立的，裁定驳回。

考点3　回避制度

1. 回避主体：审判人员、法官助理、书记员、司法技术人员、翻译人员、鉴定人、勘验人和执行员。审判人员，包括参与本案审理的人民法院院长、副院长、审判委员会委员、庭长、副庭长、审判员和人民陪审员。

院长担任审判长或者独任审判员时的回避，由审判委员会决定；审判人员的回避，由院长决定；其他人员的回避，由审判长或者独任审判员决定。

2. 回避的方式

回避的方式	具体内容
自行回避	即相关人员遇有法定事由或自己认为承办该案不适宜时，依法向有关组织或人员提出回避的申请。

续表

回避的方式	具体内容
申请回避	案件当事人及其代理人，认为有关人员有法定回避事由时，可以向法院提出回避的请求。申请回避的时间为案件开始审理时提出，回避事由在此后知道的，可以在法庭辩论终结前提出。
指令回避	审判人员有应当回避的情形，没有自行回避，当事人也没有申请其回避的，由院长或者审判委员会决定其回避。

3. 对回避决定的救济。人民法院对当事人提出的回避申请，应当在申请提出的 3 日内，以口头或者书面形式作出决定。申请人对决定不服的，可以在接到决定时申请复议一次。人民法院对复议申请，应当在 3 日内作出复议决定，并通知复议申请人。

4. 回避的法律后果。被申请回避的人员在人民法院作出是否回避的决定前，应当暂停参与本案的工作，但案件需要采取紧急措施的除外。复议期间，被申请回避的人员，不停止参与本案的工作。

5. 申请回避的时间：法庭辩论终结前提出。

考点 4 审判公开和两审终审

1. 审判公开。人民法院审理民事案件，除涉及国家秘密、个人隐私或者法律另有规定的以外，应当公开进行。离婚案件，涉及商业秘密的案件，当事人申请不公开审理的，可以不公开审理。

2. 两审终审

概念	一个民事案件经过两级人民法院审判后即宣告终结的制度。
例外	下列案件和程序实行一审终审： （1）最高人民法院所作的一审判决、裁定，为终审判决、裁定。 （2）适用小额诉讼程序、特别程序、督促程序、公示催告程序和破产程序审理的案件（非讼案件）。 （3）不予受理、驳回起诉、管辖权异议、驳回破产申请裁定以外的所有裁定；所有的决定；一审以民事调解书结案的案件。

【专题练习】

要点提炼

1. 根据《民事诉讼法》规定的诚信原则的基本精神，下列哪一选项符合诚信原则？

A. 当事人以欺骗的方法形成不正当诉讼状态

B. 证人故意提供虚假证言

C. 法院根据案件审理情况对当事人提供的证据不予采信

D. 法院对当事人提出的证据任意进行取舍或否定

2. 某区法院审理原告许某与被告某饭店食物中毒纠纷一案。审前，法院书面告知许某合议庭由审判员甲、乙和人民陪审员丙组成时，许某未提出回避申请。开庭后，许某始知人民陪审员丙与被告法定代表人是亲兄弟，遂提出回避申请。关于本案的回避，下列哪一说法是正确的？

A. 许某可在知道丙与被告法定代表人是亲兄弟时提出回避申请

B. 法院对回避申请作出决定前，丙不停止参与本案审理

C. 应由审判长决定丙是否应回避

D. 法院作出回避决定后，许某可对此提出上诉

【专题练习答案及详解】

1. C。《民事诉讼法》第 13 条第 1 款规定，民事诉讼应当遵循诚信原则。这就意味着参与民事诉讼的各种主体均应当本着诚实善意的理念行使诉讼权利，实施民事诉讼行为，而不得滥用其诉讼权利。具体而言，诚实信用原则禁止当事人以欺骗性的方法形成不正当诉讼状态，禁止证人提供虚假证言，因此 AB 项违反诚信原则。此外，诚信原则要求法院依法决定证据的取舍，不得任意进行证据的取舍与否定，因此 D 项违反诚信原则。《民事诉讼法》第 68 条规定，法院可以根据案件审理情况决定对当事人提供的证据是否采信，因此 C 项符合诚信原则，当选。

2. A。《最高人民法院关于适用〈中华人民共和国民事诉讼法〉的解释》（本书以下简称《民诉解释》）第 43 条规定，审判人员是本案当事人近亲属的，当事人有权申请其回避；此外，《民事诉讼法》第 48 条第 1 款规定，当事人提出回避申请，应当说明理由，在案件开始审理时提出；回避事由在案件开始审理后知道的，也可以在法庭辩论终结前提出。因此，A 项正确。《民事诉讼法》第 48 条第 2 款规定，被申请回避的人员在人民法院作出是否回避的决定前，应当暂停参与本案的工作，但案件需要采取紧急措施的除外。因此，B 项错误。《民事诉讼法》第 49 条规定，审判人员的回避，由院长决定。因此，C 项错误。《民事诉讼法》第 50 条规定，申请人对回避决定不服的，可以在接到决定时申请复议一次。因此，D 项错误。

专题二　管　　辖

考点 5　级别管辖

基层人民
法院管辖

中级人民
法院管辖
　重大的涉外案件（争议标的额大，或案情复杂，或一方当事人人数众多）
　本辖区有重大影响的案件（如诉讼标的额大或诉讼单位为省、自治区、直辖市
以上的经济纠纷）

　最高人民
法院确定
由中级人
民法院管
辖的案件
　海事、海商案件（海事法院在审级上相当于中级法院）
　专利纠纷案件（**注意**：专利纠纷案件还可以由知识产权法院和最高人民法院
确定的基层人民法院管辖）
　著作权民事纠纷案件
　商标民事纠纷第一审案件
　涉及域名的侵权纠纷案件
　虚假陈述证券民事赔偿案件，由发行人住所地的省、自治区、直辖市人民政府
所在地的市、计划单列市和经济特区中级人民法院管辖
　对于仲裁协议的效力有异议，请求法院作出裁决的案件
　申请撤销仲裁裁决的，由仲裁委员会所在地的中级人民法院管辖

高级人民法院管辖

最高人民
法院管辖
　在全国有重大影响的案件
　认为应当由本院审理的案件

考点 6　管辖权异议

1. 被告在提交答辩状期间提出管辖权异议，认为受诉人民法院违反级别管辖规定，案件应当由上级人民法院或者下级人民法院管辖的，受诉人民法院应当审查，并在受理异议之日起 15 日内作出裁定：(1) 异

议不成立的，裁定驳回；（2）异议成立的，裁定移送有管辖权的人民法院。

2. 提交答辩状期间届满后，原告增加诉讼请求金额致使案件标的额超过受诉人民法院级别管辖标准，被告提出管辖权异议，请求由上级人民法院管辖的，人民法院应当审查，并在受理异议之日起 15 日内作出裁定。

3. 对人民法院就级别管辖异议作出的裁定，当事人不服提起上诉的，第二审人民法院应当依法审理并作出裁定。

考点 7　地域管辖

被告住所地人民法院管辖，被告住所地与经常居住地不一致的，由经常居住地人民法院管辖

例外：原告住所地法院管辖
{
1. 对不在中华人民共和国领域内居住的人提起的有关身份关系的诉讼
2. 对下落不明或者宣告失踪的人提起的有关身份关系的诉讼
3. 对被采取强制性教育措施的人提起的诉讼
4. 对被监禁的人提起的诉讼
5. 追索赡养费、抚养费、扶养费案件的几个被告住所地不在同一辖区内的，可以由原告住所地人民法院管辖
6. 夫妻一方离开住所地超过 1 年，另一方起诉离婚的案件，可以由原告住所地人民法院管辖
}

因公司设立、确认股东资格、分配利润、解散等纠纷提起的诉讼，由公司住所地人民法院管辖

考点 8　合同或者其他财产权益纠纷案件的管辖

1. 因合同纠纷提起的诉讼，由被告住所地或者合同履行地人民法院管辖。

（1）协议管辖在不违反级别管辖和专属管辖的规定的前提下，可以选择被告住所地、原告住所地、合同签订地、合同履行地、标的物所在地等与争议有实际联系的地点的人民法院管辖。

（2）合同没有实际履行且双方当事人住所地又都不在合同约定的履行地的，应由被告住所地人民法院管辖。

2. 因保险合同纠纷提起的诉讼，由被告住所地或保险标的物所在地人民法院管辖。

因财产保险合同纠纷提起的诉讼，如果保险标的物是运输工具或运输中的货物，可以由运输工具登记注册地、运输目的地、保险事故发生地的人民法院管辖；因人身保险合同纠纷提起的诉讼，可以由被保险人住所地人民法院管辖。

3. 因铁路、公路、水上、航空运输和联合运输合同纠纷提起的诉讼，由运输始发地、目的地或者被告住所地人民法院管辖。

考点 9　侵权引发诉讼的管辖

1. 因侵权行为提起的诉讼，由侵权行为地或者被告住所地人民法院管辖。

2. 因产品、服务质量不合格造成他人财产、人身损害提起的诉讼，由产品制造地、服务提供地、产品销售地、侵权行为地和被告住所地的人民法院管辖。

3. 因侵犯著作权行为提起的民事诉讼，由侵权行为地、侵权复制品储藏地或查封扣押地、被告住所地人民法院管辖。

4. 因侵犯专利权行为提起的诉讼，由侵权行为地或者被告住所地人民法院管辖。

5. 因侵犯注册商标专用权行为提起的诉讼，由侵权行为的实施地、侵权商品的储藏地或者查封扣押地、被告住所地人民法院管辖。

6. 当事人就油轮装载持久性油类造成的油污损害提起诉讼、申请设立油污损害赔偿责任限制基金，由船舶油污事故发生地海事法院管辖。

考点 10　管辖协议

1. 《民事诉讼法》第 35 条规定的书面协议，包括书面合同中的协议管辖条款或者诉讼前以书面形式达成的选择管辖的协议。

2. 经营者使用格式条款与消费者订立管辖协议，未采取合理方式提请消费者注意，消费者主张管辖协议无效的，人民法院应予支持。

3. 管辖协议约定由一方当事人住所地人民法院管辖，协议签订后当事人住所地变更的，由签订管辖协议时的住所地人民法院管辖，但当事人另有约定的除外。

4. 合同转让的，合同的管辖协议对合同受让人有效，但转让时受让人不知道有管辖协议，或者转让协议另有约定且原合同相对人同意的除外。

要点提炼

【专题练习】

1. 甲市乙县 A 公司与丙市丁县 B 公司签订 1000 万元的借款合同，约定十日内 A 公司向 B 公司出借款项，双方未约定合同履行地，也未约定发生纠纷的解决方式。A 公司到期未依约向 B 公司交付 1000 万元，B 公司对 A 公司提起诉讼，要求其履行出借义务。关于本案的管辖法院，下列哪一表述是正确的？

A. 只有乙县法院有管辖权

B. 只有丁县法院有管辖权

C. 甲市、丙市中级法院都有管辖权

D. 乙县、丁县法院都有管辖权

2. A 区的甲与 B 区的乙签订合同后又签订补充协议，协议约定纠纷由履行地 C 区法院管辖。后经乙同意，甲将合同转让给 D 区的丙，但丙对补充协议毫不知情。乙、丙约定纠纷由 D 区法院管辖。后丙诉请乙履行，乙主张转让合同无效，此案由哪个法院管辖？

A. A 区法院　　　　　　　　　B. B 区法院

C. C 区法院　　　　　　　　　D. D 区法院

【专题练习答案及详解】

1. A。本案为借款合同纠纷，根据《民事诉讼法》第 24 条规定，应由被告住所地或者合同履行地法院管辖。《民诉解释》第 18 条第 3 款规定，合同没有实际履行，当事人双方住所地都不在合同约定的履行地的，由被告住所地人民法院管辖。据此，因 A 公司完全未实际履行出借款项义务，双方又未约定合同履行地，只能由被告住所地法院管辖，即由乙县法院享有管辖权。A 项为正确答案，其余选项均错误。

2. D。《民诉解释》第 33 条规定，合同转让的，合同的管辖协议对合同受让人有效，但转让时受让人不知道有管辖协议，或者转让协议另有约定且原合同相对人同意的除外。本案中主合同转让，管辖协议原则上对受让人有效。但丙对补充协议，也就是管辖协议不知情，所以约定 C 区法院管辖的协议管辖对丙没有效力。C 区法院没有管辖权。乙、丙约定由 D 区法院管辖是有效的，乙、丙之间的纠纷应由 D 区法院管辖。C 项错误，D 项正确。A 区和 B 区法院作为甲和乙住所地的法院，对该案没有管辖权。AB 两项错误。

专题三　当事人

考点 11　当事人的认定

法人及 其他组织	（1）法人和其他组织可以作为民事诉讼的当事人。 （2）法人非依法设立的分支机构，或者虽依法设立，但没有领取营业执照的分支机构，以设立该分支机构的法人为当事人。 （3）法人或者其他组织的工作人员执行工作任务造成他人损害的，该法人或者其他组织为当事人。注意：如果是非职务行为引起的诉讼，则由工作人员自己为当事人。 （4）下列情形，以行为人为当事人：①法人或者其他组织应登记而未登记，行为人即以该法人或者其他组织名义进行民事活动的；②行为人没有代理权、超越代理权或者代理权终止后以被代理人名义进行民事活动的，但相对人有理由相信行为人有代理权的除外；③法人或者其他组织依法终止后，行为人仍以其名义进行民事活动的。 （5）依法设立并领取营业执照的法人的分支机构以及依法设立并领取营业执照的商业银行、政策性银行和非银行金融机构的分支机构，由分支机构作为当事人。 （6）企业法人合并的，因合并前的民事活动发生的纠纷，以合并后的企业为当事人；企业法人分立的，因分立前的民事活动发生的纠纷，以分立后的企业为共同诉讼人。 （7）企业法人解散的，依法清算并注销前，以该企业法人为当事人；未依法清算即被注销的，以该企业法人的股东、发起人或者出资人为当事人。
个体工商户	个体工商户以营业执照上登记的经营者为当事人。有字号的，以营业执照上登记的字号为当事人，但应同时注明该字号经营者的基本信息。
调解协议	当事人之间的纠纷经人民调解委员会或者其他依法设立的调解组织调解达成协议后，一方当事人不履行调解协议，另一方当事人向人民法院提起诉讼的，应以对方当事人为被告。
劳务及 劳务派遣	提供劳务一方因劳务造成他人损害，受害人提起诉讼的，以接受劳务一方为被告。在劳务派遣期间，被派遣的工作人员因执行工作任务造成他人损害的，以接受劳务派遣的用工单位为当事人。当事人主张劳务派遣单位承担责任的，该劳务派遣单位为共同被告。

个人合伙	未依法登记领取营业执照的个人合伙的全体合伙人为共同诉讼人。个人合伙有依法核准登记的字号的，应在法律文书中注明登记的字号。
居民委员会、村民委员会	居民委员会、村民委员会或者村民小组与他人发生民事纠纷的，居民委员会、村民委员会或者有独立财产的村民小组为当事人。
侵害死者的行为	对侵害死者遗体、遗骨以及姓名、肖像、名誉、荣誉、隐私等行为提起诉讼的，死者的近亲属为当事人。

考点 12　共同诉讼

必要共同诉讼情形举例	共同诉讼人
个体工商户经营者与实际经营者不一致	作为共同诉讼人。
企业法人分立	分立后的法人为共同诉讼人。
共有财产关系	共有财产权受到他人侵害，部分共有权人起诉的，其他共有权人应当列为共同诉讼人。
继承关系	部分继承人起诉的，人民法院应通知其他继承人作为共同原告参加诉讼；被通知的继承人不愿意参加诉讼又未明确表示放弃实体权利的，人民法院仍应将其列为共同原告。
保证关系	因保证合同纠纷提起的诉讼，债权人向保证人和被保证人一并主张权利的，人民法院应当将保证人和被保证人列为共同被告。保证合同约定为一般保证，债权人仅起诉保证人的，人民法院应当通知被保证人作为共同被告参加诉讼；债权人仅起诉被保证人的，可以只列被保证人为被告。
借用业务介绍信、合同专用章、盖章的空白合同书或者银行账户	出借单位和借用人应为共同诉讼人。
个人合伙	未依法登记领取营业执照的个人合伙的全体合伙人为共同诉讼人。
挂靠关系	当事人请求由挂靠人和被挂靠人依法承担民事责任的，挂靠人和被挂靠人作为共同诉讼人。

考点 13　公益诉讼

对污染环境、侵害众多消费者合法权益等损害社会公共利益的行为，法律规定的机关和有关组织可以向法院提起诉讼。（个人不得提起公益诉讼）

起诉主体	（1）环保组织。（在设区的市级以上政府民政部门登记，专门从事环境保护公益活动连续 5 年以上且无违法记录的社会组织） （2）省级以上消费者保护协会。（中国消协以及在省、自治区、直辖市设立的消协） （3）检察院。（针对破坏生态环境和资源保护、食品药品安全领域侵害众多消费者合法权益，侵害英雄烈士等的姓名、肖像、名誉、荣誉等损害社会公益的行为，在没有法定机关、组织，英雄烈士没有近亲属或法定机关、组织，英雄烈士近亲属不起诉的情况下，检察院可起诉；拟提起公益诉讼的，应当依法公告，公告期间为 30 日。法定机关、组织起诉的，检察院可支持起诉）
管辖法院	侵权行为地或被告住所地的中级法院。
相关程序	（1）告知：立案后法院应在 10 日内书面告知相关行政主管部门。 （2）公告：当事人达成和解或调解协议后，法院应将和解或调解协议公告不少于 30 日；公告期满，经审查，不违反社会公益的，法院直接制作调解书。 （3）撤诉限制：公益诉讼原告撤诉必须在法庭辩论结束前。 （4）法院释明：法院认为原告提出的诉讼请求不足以保护社会公共利益的，可以向其释明增加或变更诉讼请求。 （5）不能反诉：公益诉讼中，被告提起反诉的，不予受理。

考点 14　第三人

1. 有独立请求权的第三人

概念	是指对原告和被告争议的诉讼标的有独立的请求权，而参加诉讼的人。
诉讼地位	有独立请求权的第三人在第三人参加之诉中的地位就是原告，是诉讼的当事人。例如：甲、乙之间因房产发生争议，甲向法院提起确权诉讼，而丙在知晓该纠纷后，向法院主张该房产是其所有。本案中，丙既对抗原诉讼的原告甲，又对抗原诉讼的被告乙，即他认为原诉讼的原告或被告，无论谁胜诉，都将损害他的利益。因此，丙在参加诉讼中，是将原诉讼的原告和被告都作为参加诉讼中的被告。

参诉根据	有独立请求权的第三人参加他人已经开始的诉讼的依据，是对本诉原被告争议的标的主张独立的请求权，这个实体请求权可以是全部请求权，也可以是部分请求权。
参诉方式	向本诉法院提起诉讼。有独立请求权的第三人提起的参加之诉，本诉法院原本可能并无管辖权，但因为本诉和参加之诉的牵连关系，本诉法院因牵连管辖取得了参加之诉案件的管辖权。
参诉的时间	本诉进行中，即在案件受理后，法庭辩论终结前。 有独立请求权的第三人在第一审程序加入和在第二审程序加入的方式和处理方式不同：在第一审程序中，以起诉的方式加入，构成参加之诉和本诉的合并审理；在第二审程序中申请加入，人民法院应当对有独立请求权第三人提起的事项进行调解，调解不成的，裁定撤销第一审判决，发回重审。
有独立请求权的第三人的撤诉问题	（1）有独立请求权的第三人撤销参加之诉，本诉可以继续审理。 （2）本诉原告撤销本诉，有独立请求权第三人作为另案原告，原案原告、被告作为另案被告，诉讼继续进行。

2. 无独立请求权的第三人

概念	是指对原告和被告之间的诉讼标的虽然没有独立的请求权，但是与案件的处理结果有法律上的利害关系而参加诉讼的人。
诉讼地位	（1）无独立请求权第三人以自己名义参加诉讼。 （2）无独立请求权第三人可以独立地行使诉讼权利，如提供证据、委托诉讼代理人、参与庭审、进行辩论等。 （3）在一审判决中，无独立请求权第三人被判决承担实体义务的，有权提起上诉。 （4）本诉讼的原告和被告之间的调解涉及无独立请求权第三人承担实体义务时，应有该无独立请求权第三人参加。 （5）无独立请求权的第三人无权提出管辖异议，无权放弃、变更诉讼请求或者申请撤诉。
参诉方式	无独立请求权的第三人可以申请参加诉讼，也可以由人民法院通知其参加诉讼。

要点提炼

【专题练习】

1. 徐某开设打印设计中心并以自己名义登记领取了个体工商户营业执照，该中心未起字号。不久，徐某应征入伍，将该中心转让给同学李某经营，未办理工商变更登记。后该中心承接广告公司业务，款项已收却未能按期交货，遭广告公司起诉。下列哪一选项是本案的适格被告？

A. 李某

B. 李某和徐某

C. 李某和该中心

D. 李某、徐某和该中心

2. 精神病人姜某冲入向阳幼儿园将入托的小明打伤，小明的父母与姜某的监护人朱某及向阳幼儿园协商赔偿事宜无果，拟向法院提起诉讼。关于本案当事人的确定，下列哪一选项是正确的？

A. 姜某是被告，朱某是无独立请求权第三人

B. 姜某与朱某是共同被告，向阳幼儿园是无独立请求权第三人

C. 向阳幼儿园与姜某是共同被告

D. 姜某、朱某、向阳幼儿园是共同被告

【专题练习答案及详解】

1. B。在诉讼中，个体工商户以营业执照上登记的经营者为当事人。有字号的，以营业执照上登记的字号为当事人，但应同时注明该字号经营者的基本信息。因此，B项正确，ACD项错误。

2. D。《民诉解释》第67条规定，无民事行为能力人、限制民事行为能力人造成他人损害的，无民事行为能力人、限制民事行为能力人和其监护人为共同被告。患有精神病的姜某将小明打伤，给小明造成损害，姜某和作为姜某监护人的朱某应为共同被告。《民法典》第1201条规定，无民事行为能力人或者限制民事行为能力人在幼儿园、学校或者其他教育机构学习、生活期间，受到幼儿园、学校或者其他教育机构以外的第三人人身损害的，由第三人承担侵权责任；幼儿园、学校或者其他教育机构未尽到管理职责的，承担相应的补充责任。幼儿园、学校或者其他教育机构承担补充责任后，可以向第三人追偿。补充责任是一个侵权责任承担顺序的问题，原则上要求权利人一并起诉姜某和向阳幼儿园，否则案情查不清。因此，姜某、朱某、向阳幼儿园是共同被告，D项正确。

专题四　证据与证明

考点 15　证据的法定种类

<table>
<tr><td rowspan="2">书证</td><td>书证的形式</td><td>(1) 书证应当提交原件。提交原件确有困难的，可以提交复制品、照片、副本、节录本。提交外文书证，必须附有中文译本。人民法院应当结合其他证据和案件具体情况，审查判断书证复制品等能否作为认定案件事实的根据。
(2) 提交书证原件确有困难，包括下列情形：
①书证原件遗失、灭失或者毁损的；
②原件在对方当事人控制之下，经合法通知提交而拒不提交的；
③原件在他人控制之下，而其有权不提交的；
④原件因篇幅或者体积过大而不便提交的；
⑤承担举证证明责任的当事人通过申请人民法院调查收集或者其他方式无法获得书证原件的。
(3) 常见的书证有：医疗费发票、诊疗证明、交警的事故责任认定书、合同文本、借条、收条等。</td></tr>
<tr><td>书证提出命令</td><td>(1) 书证在对方当事人控制之下的，承担举证证明责任的当事人可以在举证期限届满前书面申请人民法院责令对方当事人提交。申请理由成立的，人民法院应当责令对方当事人提交，因提交书证所产生的费用，由申请人负担。对方当事人无正当理由拒不提交的，人民法院可以认定申请人所主张的书证内容为真实。
(2) 当事人根据上述规定申请人民法院责令对方当事人提交书证的，申请书应当载明所申请提交的书证名称或者内容、需要以该书证证明的事实及事实的重要性、对方当事人控制该书证的根据以及应当提交该书证的理由。
(3) 下列情形，控制书证的当事人应当提交书证：①控制书证的当事人在诉讼中曾经引用过的书证；②为对方当事人的利益制作的书证；③对方当事人依照法律规定有权查阅、获取的书证；④账簿、记账原始凭证；⑤人民法院认为应当提交书证的其他情形。前述所列书证，涉及国家秘密、商业秘密、当事人或第三人的隐私，或者存在法律规定应当保密的情形的，提交后不得公开质证。</td></tr>
</table>

书证	公文书证效力优先	国家机关或者其他依法具有社会管理职能的组织，在其职权范围内制作的文书所记载的事项推定为真实，但有相反证据足以推翻的除外。
	妨碍取证	持有书证的当事人以妨碍对方当事人使用为目的，毁灭有关书证或者实施其他致使书证不能使用行为的，人民法院可以对其处以罚款、拘留。
物证		物证，是指以其存在的外形、特征、质量、性能、所处位置等外部特征证明案件待证事实的物品和痕迹。物证应当提交原物。提交原物确有困难的，可以提交复制品、照片、副本、节录本。 书证和物证的区别：书证是用事实材料表达的思想内容来证明案件事实；物证是用事实材料的物质特征来证明案件事实。
视听资料		视听资料，是指以声音、图像及其他视听信息来证明案件待证事实的录像资料、录音资料等信息材料。当事人以视听资料作为证据的，应当提供存储该视听资料的原始载体。 视听资料的特点是信息量大、形象或声音逼真、反映一定的法律行为或法律事件往往有一定的连续性和直观性，因而在通常情况下具有较强的真实性和准确性。 由于视听资料是运用一定的科学技术手段来制作的，在某些情况下，也就有可能被人利用技术手段进行变造或伪造，而且由于技术上的原因，变造或伪造的视听资料还不易被发现。因此，民事诉讼法要求人民法院对视听资料，应当辨别真伪，并结合本案的其他证据，审查确定能否作为认定事实的证据。
电子数据		电子数据，是指通过电子邮件、电子数据交换、网上聊天记录、博客、微博客、手机短信、电子签名、域名等形成或者存储在电子介质中的信息。存储在电子介质中的录音资料和影像资料，适用电子数据的规定。 当事人以电子数据作为证据的，应当提供原件。电子数据的制作者制作的与原件一致的副本，或者直接来源于电子数据的打印件或其他可以显示、识别的输出介质，视为电子数据的原件。
	种类	电子数据包括下列信息、电子文件： （1）网页、博客、微博客等网络平台发布的信息； （2）手机短信、电子邮件、即时通信、通讯群组等网络应用服务的通信信息； （3）用户注册信息、身份认证信息、电子交易记录、通信记录、登录日志等信息； （4）文档、图片、音频、视频、数字证书、计算机程序等电子文件； （5）其他以数字化形式存储、处理、传输的能够证明案件事实的信息。

电子数据	真实性的确认	电子数据存在下列情形的，人民法院可以确认其真实性，但有足以反驳的相反证据的除外： （1）由当事人提交或者保管的于己不利的电子数据； （2）由记录和保存电子数据的中立第三方平台提供或者确认的； （3）在正常业务活动中形成的； （4）以档案管理方式保管的； （5）以当事人约定的方式保存、传输、提取的。 电子数据的内容经公证机关公证的，人民法院应当确认其真实性，但有相反证据足以推翻的除外。
证人证言		证人证言，是指当事人之外了解案件有关情况的人向人民法院就自己知道的案件事实所作的陈述。证人包括单位与个人。 **注意**：在民事诉讼中，单位可以作为证人，而在刑事诉讼中则不可以。
	单位作证	（1）单位作证的方式：单位向人民法院提出的证明材料，应当由单位负责人及制作证明材料的人员签名或者盖章，并加盖单位印章。 （2）单位作证的效力：人民法院就单位出具的证明材料，可以向单位及制作证明材料的人员进行调查核实。必要时，可以要求制作证明材料的人员出庭作证。单位及制作证明材料的人员拒绝人民法院调查核实，或者制作证明材料的人员无正当理由拒绝出庭作证的，该证明材料不得作为认定案件事实的根据。
	自然人作证	（1）不能正确表达意思的人，不能作为证人。待证事实与其年龄、智力状况或者精神状况相适应的无民事行为能力人和限制民事行为能力人，可以作为证人。 （2）人民法院应当要求证人出庭作证，接受审判人员和当事人的询问。证人在审理前的准备阶段或者人民法院调查、询问等双方当事人在场时陈述证言的，视为出庭作证。双方当事人同意证人以其他方式作证并经人民法院准许的，证人可以不出庭作证。 （3）有下列情形之一的，经人民法院许可，可以通过书面证言、视听传输技术或者视听资料等方式作证：①因健康原因不能出庭的；②因路途遥远，交通不便不能出庭的；③因自然灾害等不可抗力不能出庭的；④其他有正当理由不能出庭的。 （4）无正当理由未出庭的证人以书面等方式提供的证言，不得作为认定案件事实的根据。 （5）证人出庭的程序启动：当事人申请或法院依职权通知。 （6）证人出庭作证通知书：人民法院准许证人出庭作证申请的，应当向证人送达通知书并告知双方当事人。通知书中应当载明证人作证的时间、地点，作证的事项、要求以及作伪证的法律后果等内容。

证人证言	自然人作证	（7）证人保证书。人民法院应当要求证人在作证之前签署保证书，并在法庭上宣读保证书的内容。但无民事行为能力人和限制民事行为能力人作为证人的除外。证人拒绝签署或者宣读保证书的，不得作证，并自行承担相关费用。 （8）证人出庭作证费用的补偿。证人因履行出庭作证义务而支出的交通、住宿、就餐等必要费用以及误工损失，由败诉一方当事人负担。当事人申请证人作证的，由该当事人先行垫付；当事人没有申请，人民法院通知证人作证的，由人民法院先行垫付。
当事人陈述		当事人陈述即当事人就案件情况向法院作出的叙述。 当事人应当就案件事实作真实、完整的陈述。当事人的陈述与此前陈述不一致的，人民法院应当责令其说明理由，并结合当事人的诉讼能力、证据和案件具体情况进行审查认定。当事人故意作虚假陈述妨碍人民法院审理的，人民法院应当根据情节，依照《民事诉讼法》第114条的规定进行处罚。 作为证据的当事人陈述容易与自认发生混淆。从法律效力来看，作为证据的当事人陈述用以证明案件事实，是法官自由心证作用的对象，并不直接产生法律上的效力；作为自认的陈述免除相对方的举证证明义务，也排除法院进行证据调查。换言之，当事人陈述是证明案件事实的方法或手段之一，而自认等于事实被证明。
鉴定意见		鉴定意见，是指鉴定人运用专门的知识、经验和技能，对民事案件某些专门性问题进行分析、鉴别后所作出的意见。
	鉴定的启动	（1）由当事人申请。当事人申请鉴定，可以在举证期限届满前提出。当事人申请鉴定的，应当组织双方当事人协商确定具备相应资格的鉴定人。协商不成的，由人民法院指定。申请鉴定的事项与待证事实无关联，或者对证明待证事实无意义的，人民法院不予准许。 （2）法院可以依职权决定。符合依职权调查收集证据条件的，人民法院应当依职权委托鉴定，在询问当事人的意见后，指定具备相应资格的鉴定人。
	鉴定人的义务	（1）鉴定人应当提出书面鉴定意见，在鉴定书上签名或者盖章。 （2）出庭义务。 ①当事人对鉴定意见有异议或者人民法院认为鉴定人有必要出庭的，鉴定人应当出庭作证。 ②违反出庭义务的法律后果：经人民法院通知，鉴定人拒不出庭作证的，鉴定意见不得作为认定事实的根据；支付鉴定费用的当事人可以要求返还鉴定费用。
	鉴定人的权利	鉴定人有权了解进行鉴定所需要的案件材料，必要时可以询问当事人、证人。

鉴定意见	鉴定书	（1）鉴定人应当在人民法院确定的期限内完成鉴定，并提交鉴定书。 （2）人民法院对鉴定人出具的鉴定书，应当审查是否具有下列内容：①委托法院的名称；②委托鉴定的内容、要求；③鉴定材料；④鉴定所依据的原理、方法；⑤对鉴定过程的说明；⑥鉴定意见；⑦承诺书。 （3）鉴定书应当由鉴定人签名或者盖章，并附鉴定人的相应资格证明。委托机构鉴定的，鉴定书应当由鉴定机构盖章，并由从事鉴定的人员签名。 （4）当事人对鉴定书的内容有异议的，应当在人民法院指定期间内以书面方式提出。对于当事人的异议，人民法院应当要求鉴定人作出解释、说明或者补充。人民法院认为有必要的，可以要求鉴定人对当事人未提出异议的内容进行解释、说明或者补充。
	鉴定意见的撤销	（1）鉴定意见被采信后，鉴定人无正当理由撤销鉴定意见的，人民法院应当责令其退还鉴定费用，并可以根据情节，依照《民事诉讼法》第114条的规定对鉴定人进行处罚。当事人主张鉴定人负担由此增加的合理费用的，人民法院应予支持。 （2）人民法院采信鉴定意见后准许鉴定人撤销的，应当责令其退还鉴定费用。
	重新鉴定	（1）重新鉴定的情形：鉴定人不具备相应资格的；鉴定程序严重违法的；鉴定意见明显依据不足的；鉴定人拒不出庭；其他情形。 （2）不予准许重新鉴定：可以通过补正、补充鉴定或者补充质证、重新质证等方法解决的。 （3）重新鉴定的后果：原鉴定意见不得作为认定案件事实的根据；退还鉴定费用。
	专家辅助人制度	鉴定意见是专门性的知识，对于这些专业性很强的问题，当事人要想质证有一定难度，因此需要有专门知识的人——专家辅助人出庭帮助质证。 （1）法院通知：依当事人申请。 （2）人数：1~2人。 （3）性质：就鉴定人作出的鉴定意见或者专业问题提出意见，视为当事人的陈述。 （4）出庭费用承担：由提出申请的当事人负担。
勘验笔录		勘验笔录，是人民法院指派的勘验人员对案件的诉讼标的物和有关证据，经过现场勘验、调查所作的记录。勘验笔录的制作主体是审判人员，也包括审判人员指导下的人。鉴定意见是鉴定机构提供的意见，二者的主体不同。但是，人民法院可以要求鉴定人参与勘验。必要时，可以要求鉴定人在勘验中进行鉴定。

考点 16　证据的理论分类

本证和反证	按照证据与证明责任的关系，可以把证据分为本证和反证。 （1）对待证事实负有举证责任一方当事人提出支持自己主张的证据是本证；对待证事实不负有举证责任的一方当事人提出反驳对方主张的证据是反证。 （2）原告、被告都有可能提出本证和反证，区分的关键在于谁对待证事实负有证明责任。
直接证据和间接证据	根据证据与待证事实之间联系的不同，可以把证据分为直接证据和间接证据。 （1）直接证据是指能够单独、直接证明案件主要事实的证据。间接证据是指不能独立、直接证明案件主要事实的证据。间接证据必须结合其他的证据，使之形成"证据链条"才能对主要事实进行认定。 （2）直接证据的证明力大于间接证据的证明力。
原始证据和传来证据	按照证据来源的不同，即按照是否来自原始出处，可以把证据分为原始证据和传来证据。 （1）原始证据是直接来源于案件原始事实的证据，是第一手证据材料。当事人建立合同关系时制作的合同书、立遗嘱人亲笔所书的遗嘱、证人亲眼所见的侵权事实等，都属于原始证据。传来证据，是指由原始证据衍生出来的证据，是经过复制、转述等中间环节而形成的证据。相对于原始证据而言，是第二手证据材料。合同的抄本、物证的复制品、证人转述他人所见的案件事实等，都属于传来证据。 （2）原始证据的证明力大于传来证据的证明力。

考点 17　证明对象

免证事实		绝对免证：自然规律和定理、定律。（不允许反证推翻） 相对免证：（1）可以用相反证据反驳：众所周知的事实；根据法律规定推定的事实；根据已知的事实和日常生活经验法则推定出的事实。 （2）可以用相反证据推翻：已为人民法院发生法律效力的裁判所确认的基本事实；已为仲裁机构的生效裁决所确认的事实；已为有效公证文书所证明的事实；自认。
自认	自认的形式	（1）明确承认：当事人对另一方当事人陈述的案件事实，明确地表示承认即构成自认，另一方当事人无需举证，但涉及身份关系的案件除外。 （2）默示承认：一方当事人对于另一方当事人主张的于己不利的事实既不承认也不否认，经审判人员说明并询问后，其仍然不明确表示肯定或者否定的，视为对该事实的承认。 （3）当事人委托诉讼代理人参加诉讼的，除授权委托书明确排除的事项外，诉讼代理人的自认视为当事人的自认。当事人在场对诉讼代理人的自认明确否认的，不视为自认。

自认	自认的程序	（1）时间：在证据交换、询问、调查过程中；诉讼过程中。 （2）方式：书面（起诉状、答辩状、代理词等书面材料中）；口头。 （3）对象：必须向法院。
	自认效力的限制	（1）涉及可能损害国家利益、社会公共利益的事实，当事人有恶意串通损害他人合法权益可能的事实，涉及公益诉讼的事实，不适用有关自认的规定。 （2）在诉讼中，当事人为达成调解协议或者和解的目的而做出妥协所涉及的对案件事实的认可，不得在其后的诉讼中作为对其不利的证据；但法律另有规定或双方当事人同意的除外。 （3）涉及身份关系的事实不能自认。 （4）程序性事实（追加当事人、中止诉讼、终结诉讼、回避等）不能自认。 （5）普通共同诉讼人：只对自己有效；必要共同诉讼人：不否认即有效。 （6）有所限制或者附加条件的承认，法院决定是否构成自认。
	自认的撤回	有下列情形之一，当事人在法庭辩论终结前撤销自认的，人民法院应当准许： （1）经对方当事人同意的； （2）自认是在受胁迫或者重大误解情况下作出的。 人民法院准许当事人撤销自认的，应当作出口头或者书面裁定。

考点 18　质证

主体	当事人、诉讼代理人和第三人。
对象	所有的证据。
不公开质证	涉及国家秘密、商业秘密和个人隐私或者法律规定的其他应当保密的证据，不得在开庭时公开质证。
程序	（1）出示证据。质证开始于一方当事人向法庭和对方当事人出示证据。出示的方式包括宣读、展示、播放等。 （2）辨认证据。一方当事人出示证据后，由另一方进行辨认。辨认的意义在于了解另一方当事人对所出示证据的态度，以便决定是否需要继续进行质证。辨认的结果分为认可和不予认可两种。 （3）对证据质询和辩驳。一方出示的证据为另一方否认后，否认的一方当事人就要向法庭说明否认的理由。 质证一般采用一证一质、逐个进行的方法，也可以采用其他灵活的方法。

效力	未经质证的证据，不能作为认定案件事实的依据。 （1）人民法院依照当事人申请调查收集的证据，应该进行质证。 （2）人民法院依职权调查收集的证据，由审判人员对调查收集证据的情况进行说明后，听取当事人的意见。 （3）人民检察院因履行法律监督职责向当事人或者案外人调查核实的情况，应当向法庭提交并予以说明，由双方当事人进行质证。

考点 19　认证

非法证据排除规则	以下以非法方法形成或取得的证据，不得作为定案依据： （1）违反法律禁止性规定。 （2）严重违背公序良俗的方法形成或者获取的证据。 （3）严重侵害他人合法权益。
补强证据规则	补强证据规则是指某些证据由于自身的缺陷，不能单独作为认定案件事实的依据，只有在其他证据加以佐证的情况下，才能作为认定案件的根据。 下列证据，不能单独作为认定案件事实的依据的证据： （1）未成年人所作的与其年龄和智力状况不相当的证言。 （2）与一方当事人或者其代理人有利害关系的证人出具的证言。 （3）存有疑点的视听资料。 （4）无法与原件、原物核对的复印件、复制品。 （5）无正当理由未出庭作证的证人证言。
最佳证据规则	（1）国家机关、社会团体依职权制作的公文书证的证明力一般大于其他书证。 （2）物证、档案、鉴定意见、勘验笔录或者经过公证、登记的书证，其证明力一般大于其他书证、视听资料和证人证言。 （3）原始证据的证明力一般大于传来证据。 （4）直接证据的证明力一般大于间接证据。 （5）证人提供的对与其有亲属或者其他密切关系的当事人有利的证言，其证明力一般小于其他证人证言。

要点提炼

【专题练习】

1. 杨青（15岁）与何翔（14岁）两人经常嬉戏打闹，一次，杨青失手将何翔推倒，致何翔成了植物人。当时在场的还有何翔的弟弟何军（11岁）。法院审理时，何军以证人身份出庭。关于何军作证，下列哪些说法不能成立？

A. 何军只有11岁，无诉讼行为能力，不具有证人资格，故不可作为证人

B. 何军是何翔的弟弟，应回避

C. 何军作为未成年人，其所有证言依法都不具有证明力

D. 何军作为何翔的弟弟，证言具有明显的倾向性，其证言不能单独作为认定案件事实的根据

2. 哥哥王文诉弟弟王武遗产继承一案，王文向法院提交了一份其父生前关于遗产分配方案的遗嘱复印件，遗嘱中有"本遗嘱的原件由王武负责保管"字样，并有王武的签名。王文在举证责任期间书面申请法院责令王武提交遗嘱原件，法院通知王武提交，但王武无正当理由拒绝提交。在此情况下，依据相关规定，下列哪些行为是合法的？

A. 王文可只向法院提交遗嘱的复印件

B. 法院可依法对王武进行拘留

C. 法院可认定王文所主张的该遗嘱能证明的事实为真实

D. 法院可根据王武的行为而判决支持王文的各项诉讼请求

3. 下列关于证明的哪一表述是正确的？

A. 经过公证的书证，其证明力一般大于传来证据和间接证据

B. 经验法则可验证的事实都不需要当事人证明

C. 在法国居住的雷诺委托赵律师代理在我国的民事诉讼，其授权委托书需要经法国公证机关证明，并经我国驻法国使领馆认证后，方发生效力

D. 证明责任是一种不利的后果，会随着诉讼的进行，在当事人之间来回移转

【专题练习答案及详解】

1. ABC。《民事诉讼法》第75条规定，凡是知道案件情况的单位和个人，都有义务出庭作证。有关单位的负责人应当支持证人作证。不能正确表达意思的人，不能作证。据此，未成年人能否作证人主要看其是否能够正确表达意思，能够正确表达意思的未成年人，即使无诉讼行为能力也可以作证人，故 A 项错误。证人不适用回避，B 项错误。未成年人作为证人提供的与其年龄、智力不相当的证言只是证明力相对较小，而非都不具有证明力，C 项错误。未成年人所作的证人证言能否单独作为认定案件事实的根据，关键看证言内容与其内容、智力是否相符，与当事人存在利害关系的人所作的证人证言不能单独作为定案根据，故 D 项正确，不选。

2. AC。《民事诉讼法》第73条规定，书证应当提交原件。物证应当提交原物。提交原件或者原物确有困难的，可以提交复制品、照片、副本、节录本。提交外文书证，必须附有中文译本。《民诉解释》第112条规定，书证在对方当事人控制之下的，承担举证证明责任的当事人可以在举证期限届满前书面申请人民法院责令对方当事人提交。申请理由成立的，人民法院应当责令对方当事人提交，因提交书证所产生的费用，由申请人负担。对方当事人无正当理由拒不提交的，人民法院可以认定申请人所主张的书证内容为真实。本题中，王文向法院提交的遗嘱复印件为书证，且可得知遗嘱原件在被告王武的控制之下。王武经过法院通知后，无正当理由拒不提交。故可以认定王文可以只向法院提交遗嘱的复印件，A 项正确。并且法院可以认定所提交的遗嘱复印件所证明的事实为真实，C 项正确。《民诉解释》第113条规定，持有书证的当事人以妨碍对方当事人使用为目的，毁灭有关书证或者实施其他致使书证不能使用行为的，人民法院可以依照《民事诉讼法》第114条规定，对其处以罚款、拘留。本案中，王武并无该法条规定的情形，因此，不应予以罚款、拘留，B 项错误。本案中，王武的行为仅仅能证明王文提交的遗嘱复印件主张的内容为真实，法院应当支持遗嘱所记载的内容。但是题干中并未明确说明王文的诉讼请求，因此无从得知王文的诉讼请求是否仅仅要求执行遗嘱所记载的内容。故 D 项，法院可根据王武的行为而判决支持王文的各项诉讼请求的做法不合法，D 项错误。

3. C。证明力的比较只能适用于证据的不同立法种类之间，或者适用于证据不同理论分类之间，而在证据立法种类与理论分类之间是无法进行证明力比较的。因此，A 项错误。根据民事诉讼理论，经验法则是进行事实推定应遵循的原则，根据经验法则推定出来的事实无须当事人证明，而并不是说，经过经验法则可验证的事实无须证明。因此，B 项错误。《民事诉讼法》第275条规定，在中华人民共和国领域内没有住所的外国人、无国籍人、外国企业和组织委托中华人民共和国律师或者其他人代理诉讼，从中华人民共和国领域外寄交或者托交的授权委托书，应当经所在国公证机关证明，并经中华人民共和国驻该国使领馆认证，或者履行中华人民共和国与该所在国订立的有关条约中规定的证明手续后，才具有效力。因此，C 项正确。根据民事诉讼理论，证明责任的结果责任在当事人之间是不发生转移的。因此，D 项错误。

专题五　民事诉讼保障

考点 20　送达

1. 直接送达：向受送达人、同住成年家属（离婚案件当事人除外）、诉讼代理人或指定代收人送达。

2. 留置送达：受送达人或其同住成年家属拒绝接收诉讼文书的，送达人可留置送达。留置方法有二：（1）见证法；（2）拍照、录像法。

3. 电子送达：经受送达人同意，法院可采用传真、电邮等能确认其收悉的方式送达诉讼文书，但判决书、裁定书、调解书除外。

4. 转交送达：仅适用于军队、监禁机关、强制性教育措施单位。

5. 委托送达：法院之间的委托，不得委托派出所、居委会等送达。

6. 邮寄送达：送达成功的标志不看送达回证，看回执。

7. 公告送达：受送达人下落不明或者其他方式均无法送达。国内诉讼公告之日经过 30 日、涉外诉讼公告之日经过 60 日视为送达。

8. 其他。（1）调解书、支付令、简易程序都不可公告送达。（2）调解书不可留置送达（因为需要当事人签字生效），支付令可留置送达。（3）裁定书、判决书、调解书不可电子送达。

考点 21　保全与先予执行的比较

	保全		先予执行
	诉前保全	诉讼保全	
条件	（1）利害关系人不立即申请保全将会使其合法权益受到难以弥补的损害的；（2）情况紧急；（3）向被保全财产所在地、被申请人住所地或者对案件有管辖权的法院申请；（4）申请人应提供担保；（5）起诉或申请仲裁前申请；（6）限于给付之诉。	（1）可能因当事人一方的行为或者其他原因，使判决难以执行或者造成当事人其他损害；（2）当事人提出或法院在必要时主动采取措施；（3）于立案后、裁判前申请；（4）限于给付之诉。	案件范围：（1）追索赡养费、扶养费、抚养费、抚恤金、医疗费用的；（2）追索劳动报酬的；（3）因情况紧急需要先予执行的（"情况紧急"的具体情形，参见《民诉解释》第170条）。人民法院裁定先予执行的条件：（1）当事人之间权利义务关系明确，不先予执行将严重影响申请人的生活或者生产经营的；（2）被申请人有履行能力。
具体程序	（1）由申请人向人民法院提出申请；（2）申请人应当提供担保；（3）人民法院在接受申请后必须在 48 小时内作出裁定；（4）裁定采取保全措施的，应当立即开始执行。	（1）申请人向人民法院提出申请或人民法院依职权采取措施；（2）可责令申请人提供担保；（3）尽快作出保全裁定，情况紧急的，必须在 48 小时内作出裁定，裁定采取保全措施的，应立即开始执行。	（1）由权利人申请；（2）可责令申请人提供担保；（3）裁定先予执行；（4）裁定后立即执行。
可否复议	当事人或者利害关系人对保全或者先予执行裁定不服的，可以申请复议 1 次。注意：（1）向作出裁定的人民法院申请复议；（2）复议期间不停止执行。		
采取的措施	查封；扣押；冻结；法律允许的其他方法。划拨存款；扣留财产；提取财产；强制某种作为或不作为。		

	保全		先予执行
	诉前保全	诉讼保全	
是否提供担保	申请人必须提供担保。	由人民法院根据案件的具体情况，决定当事人是否应当提供担保。	人民法院可以责令申请人提供担保。
解除条件	有下列情形之一的，人民法院应当作出解除保全裁定： （1）保全错误的； （2）申请人撤回保全申请的； （3）申请人的起诉或者诉讼请求被生效裁判驳回的； （4）人民法院认为应当解除保全的其他情形。 注意：（1）诉前保全：申请人在采取保全措施后 30 日内不依法提起诉讼或申请仲裁的，人民法院应当解除保全；（2）财产保全的被保全人提供其他等值担保财产且有利于执行的，人民法院可以裁定变更保全标的物为被保全人提供的担保财产。		

要点提炼

【专题练习】

1. 张兄与张弟因遗产纠纷诉至法院，一审判决张兄胜诉。张弟不服，却在赴法院提交上诉状的路上被撞昏迷，待其经抢救苏醒时已超过上诉期限一天。对此，下列哪一说法是正确的？

A. 法律上没有途径可对张弟上诉权予以补救

B. 因意外事故耽误上诉期限，法院应依职权决定顺延期限

C. 张弟可在清醒后 10 日内，申请顺延期限，是否准许，由法院决定

D. 上诉期限为法定期间，张弟提出顺延期限，法院不应准许

2. 李根诉刘江借款纠纷一案在法院审理，李根申请财产保全，要求法院扣押刘江向某小额贷款公司贷款时质押给该公司的两块名表。法院批准了该申请，并在没有征得该公司同意的情况下采取保全措施。对此，下列哪些选项是错误的？

A. 一般情况下，某小额贷款公司保管的两块名表应交由法院保管

B. 某小额贷款公司因法院采取保全措施而丧失了对两块名表的质权

C. 某小额贷款公司因法院采取保全措施而丧失了对两块名表的优先受偿权

D. 法院可以不经某小额贷款公司同意对其保管的两块名表采取保全措施

【专题练习答案及详解】

1. C。《民事诉讼法》第 86 条规定，当事人因不可抗拒的事由或者其他正当理由耽误期限的，在障碍消除后的 10 日内，可以申请顺延期限，是否准许，由人民法院决定。因此，C 项正确，ABD 项错误。

2. ABC。根据《民诉解释》第 157 条的规定，人民法院对抵押物、质押物、留置物可以采取财产保全措施，但不影响抵押权人、质权人、留置权人的优先受偿权。因此，BC 项错误，而 D 项正确。根据《民诉解释》第 154 条第 2 款的规定，查封、扣押、冻结担保物权人占有的担保财产，一般由担保物权人保管。因此，A 项错误。

专题六　一审普通程序

考点 22　起诉

1. 法定条件

实质条件	（1）原告必须是与本案有直接利害关系的公民、法人或者其他组织。 但在有的情况下，非法律关系主体实体当事人可以作为正当当事人，如失踪人的财产代管人；死亡人的近亲属；遗产管理人、遗嘱执行人；著作权集体管理组织等。 （2）有明确的被告。 （3）有具体的诉讼请求、事实和理由。 （4）属于人民法院受理民事诉讼的范围和受诉法院管辖。
形式条件	（1）起诉应当向人民法院提出起诉状，书写起诉状确有困难的，也可以口头起诉。 （2）提供起诉状应当按照被告人数提供副本。

2. 人民法院应当保障当事人依照法律规定享有的起诉权利。对符合《民事诉讼法》第 122 条的起诉，必须受理。符合起诉条件的，应当在 7 日内立案，并通知当事人；不符合起诉条件的，应当在 7 日内作出裁定书，不予受理；原告对裁定不服的，可以提起上诉。

3. 对当场不能判定是否符合起诉条件的，应当接收起诉材料，并出具注明收到日期的书面凭证。

4. 不予受理、驳回起诉、驳回诉讼请求的比较

比较内容	不予受理	驳回起诉	驳回诉讼请求
适用文书	裁定	裁定	判决
解决问题性质	程序问题	程序问题	实体问题
适用诉讼阶段	立案前	立案后	立案后

续表

比较内容	不予受理	驳回起诉	驳回诉讼请求
适用条件	法律明确规定的情形	起诉不符合受理条件	起诉符合条件，但当事人的实体请求不能得到支持
当事人针对文书的权利	可以上诉、申请再审	可以上诉、申请再审	可以上诉、申请再审
当事人针对案件的权利	可以再起诉	可以再起诉	不得再起诉，因为一事不再理
上诉期限	10 日	10 日	15 日
适用组织	立案庭	审判组织	审判组织

考点 23　受理

1. 受理案件时特殊情形的处理

不能明确确定被告的案件	起诉状列写被告信息不足以认定明确的被告的，人民法院可以告知原告补正。原告补正后仍不能确定明确的被告的，人民法院裁定不予受理。
没有管辖权的案件	（1）对本院没有管辖权的案件，告知原告向有管辖权的人民法院起诉；原告坚持起诉的，裁定不予受理。 （2）立案后发现本院没有管辖权的，应当将案件移送有管辖权的人民法院。
有仲裁协议的案件	（1）有仲裁条款或者仲裁协议的，一方向人民法院起诉的，不予受理。 （2）仲裁条款或者仲裁协议不成立、无效、失效、内容不明确无法执行的，一方向人民法院起诉的，人民法院有权受理。 （3）起诉时未声明有仲裁协议，人民法院受理后，如果对方应诉答辩或者提出反诉的，视为该人民法院有管辖权。 （4）一方起诉时未声明有仲裁协议，人民法院受理后，对方当事人在首次开庭前提出仲裁协议的，应当驳回起诉。

重复起诉的案件（一事不再理）	(1) 当事人重复起诉的，裁定不予受理；已经受理的，裁定驳回起诉，但法律、司法解释另有规定的除外。 (2) 当事人就已经提起诉讼的事项在诉讼过程中或者裁判生效后再次起诉，同时符合下列条件的，构成重复起诉：①后诉与前诉的当事人相同；②后诉与前诉的诉讼标的相同；③后诉与前诉的诉讼请求相同，或者后诉的诉讼请求实质上否定前诉裁判结果。 (3) 例外。①对于裁定不予受理、驳回起诉的案件，原告再次起诉的，应予受理。②人民法院准许撤诉的案件再次起诉的，人民法院应当受理。③对于离婚案件，判决不准离婚或调解和好的，判决、调解维持收养关系的案件，被告可以随时起诉；原告有新情况、新理由，或原告在 6 个月之后起诉的，应予受理。④赡养费、扶养费、抚养费案件，裁判发生法律效力后，因新情况、新理由，一方当事人再行起诉要求增加或减少费用的，人民法院应作为新案受理。
婚姻家庭案件	(1) 女方在怀孕期间、分娩后 1 年内或终止妊娠后 6 个月内，男方不得提出离婚。女方提出离婚的，或人民法院认为确有必要受理男方离婚请求的，人民法院应当受理。 (2) 判决不准离婚、调解和好的离婚案件，原告撤诉或者按撤诉处理的离婚案件，以及判决、调解维持收养关系的案件，没有新情况、新理由，原告在 6 个月内又起诉的，人民法院不予受理。 (3) 在婚姻关系存续期间，当事人不起诉离婚而单独要求过错方赔偿精神损害的，人民法院不予受理。 (4) 夫妻一方下落不明，另一方只要求离婚，不申请宣告失踪或死亡的，人民法院应当受理，对下落不明人用公告送达诉讼文书。 (5) 人民法院作出的生效的离婚判决中未涉及探望权，当事人就探望权问题单独提起诉讼的，人民法院应予受理。 (6) 夫妻双方协议离婚后就财产分割问题反悔，请求撤销财产分割协议的，人民法院应当受理。人民法院审理后，未发现订立财产分割协议时存在欺诈、胁迫等情形的，应当依法驳回当事人的诉讼请求。 (7) 当事人提起诉讼仅请求解除同居关系的，人民法院不予受理；已经受理的，裁定驳回起诉。当事人因同居期间财产分割或者子女抚养纠纷提起诉讼的，人民法院应当受理。

2. 诉讼时效

期间	3 年，有特殊规定从规定。
起算点	（1）当事人约定同一债务分期履行的，诉讼时效期间自最后一期履行期限届满之日起计算。 （2）无民事行为能力人或者限制民事行为能力人对其法定代理人的请求权的诉讼时效期间，自该法定代理终止之日起计算。 （3）未成年人遭受性侵害的损害赔偿请求权的诉讼时效期间，自受害人年满 18 周岁之日起计算。
中止	诉讼时效期间的最后 6 个月内；自中止时效的原因消除之日起满 6 个月，诉讼时效期间届满。
中断	有下列情形之一的，诉讼时效中断，从中断、有关程序终结时起，诉讼时效期间重新计算：权利人向义务人提出履行请求；义务人同意履行义务；权利人提起诉讼或者申请仲裁；与提起诉讼或者申请仲裁具有同等效力的其他情形。
延长	最长 20 年的除斥期间；根据权利人的申请，可以延长。
适用	由法律规定，当事人约定无效；当事人对诉讼时效利益的预先放弃无效。 当事人超过诉讼时效期间起诉的，人民法院应予受理。受理后对方当事人提出诉讼时效抗辩，人民法院经审理认为抗辩事由成立的，判决驳回原告的诉讼请求。

考点 24　撤诉与缺席判决

撤诉	申请撤诉	（1）申请撤诉的主体是原告、上诉人及其法定代理人，其他人无权申请撤诉，这里的原告是广义上的原告，包括本诉的原告、反诉的原告、第三人参加之诉的原告。 （2）申请撤诉应当在人民法院受理案件后、宣告判决之前。 （3）申请撤诉应当自愿、合法。 被告如果同意撤诉，则法院应当准许；被告如果不同意撤诉，法院享有裁量权，可以准许撤诉，也可以不准许撤诉。
	按撤诉处理	（1）原告经人民法院传票传唤，无正当理由拒不到庭或者未经法庭许可中途退庭的。 （2）原告接到人民法院预交案件受理费的通知后，既不预交费用，也不申请缓交、减交或者免交诉讼费用，以及申请缓交、减交或者免交未获准许后仍不交费的。 （3）无民事行为能力的原告的法定代理人，经法院传票传唤，无正当理由拒不到庭的。

撤诉	撤诉的效果	（1）诉讼程序终结。注意这只是本次诉讼程序终结，并不是实体权利的消灭，当事人今后还可以就实体争议起诉。因为当事人放弃这一次让法院对案件进行审理的诉讼权利，并不意味着放弃其实体权利。 （2）诉讼时效重新开始计算。 （3）诉讼费用由原告或者上诉人负担，减半征收。 （4）诉讼法律关系消灭。撤诉后仅仅引起诉讼法律关系的消灭，但是并不能引起当事人之间的民事法律关系的消灭，撤诉后，当事人仍然可以再行起诉。
缺席判决	适用的条件	被告经传票传唤无正当理由拒不到庭，或者未经法庭许可中途退庭的，人民法院应当按期开庭或者继续开庭审理，对到庭的当事人诉讼请求、双方的诉辩理由以及已经提交的证据及其他诉讼材料进行审理后，可以依法缺席判决。
	适用的法定情形	（1）原告经法院传票传唤，无正当理由拒不到庭或者未经法庭许可中途退庭，被告反诉的。 （2）被告、被上诉人经传票传唤无正当理由拒不到庭或者未经法庭许可中途退庭的。 （3）无民事行为能力的被告的法定代理人，经法院传票传唤，无正当理由拒不到庭的。 （4）一方下落不明，另一方只起诉离婚的，可以受理后缺席判决。 （5）判决宣告之前，原告申请撤诉，人民法院裁定不准许撤诉的，原告经传票传唤，无正当理由拒不到庭的，可以缺席判决。注意：这是对原告适用缺席判决的唯一情形，其他各种情况其实都是针对被告的。

考点 25　审理障碍

	诉讼中止	诉讼终结	延期审理
适用情形	（1）一方当事人死亡，需等待继承人表明是否参加诉讼的； （2）一方当事人丧失诉讼行为能力，尚未确定法定代理人的； （3）作为一方当事人的法人或其他组织终止，尚未确定权利义务承受人的； （4）一方当事人因不可抗拒的事由，不能参加诉讼的； （5）本案必须以另一案的审理结果为依据，而另一案尚未审结的； （6）其他应当中止诉讼的情形。	（1）原告死亡，没有继承人，或者继承人放弃诉讼权利的； （2）被告死亡，没有遗产，也没有应当承担义务的人的； （3）离婚案件一方当事人死亡的； （4）追索赡养费、扶养费、抚养费以及解除收养关系案件的一方当事人死亡的； （5）撤诉以及按撤诉处理的情形也会产生终结诉讼的效力。	（1）必须到庭的当事人和其他诉讼参与人有正当理由没有到庭的； （2）当事人临时提出回避申请的； （3）需要通知新的证人到庭，调取新的证据，重新鉴定、勘验，或者需要补充调查的； （4）其他应当延期的情形。

续表

	诉讼中止	诉讼终结	延期审理
方式	裁定（不准上诉）。	裁定（不准上诉）。	由法院决定。
效力	（1）当障碍消除后，法院恢复诉讼； （2）有时条件变化，法院终止诉讼程序。	不再恢复诉讼程序。	一定期间后法院必然恢复诉讼程序。 不计入审限。

要点提炼

【专题练习】

1. 甲、乙两公司签订了一份家具买卖合同，因家具质量问题，甲公司起诉乙公司要求更换家具并支付违约金 3 万元。法院经审理判决乙公司败诉，乙公司未上诉。之后，乙公司向法院起诉，要求确认该家具买卖合同无效。对乙公司的起诉，法院应采取下列哪一处理方式？

A. 予以受理　　　　　　　　B. 裁定不予受理

C. 裁定驳回起诉　　　　　　D. 按再审处理

2. 对张男诉刘女离婚案（两人无子女，刘父已去世），因刘女为无民事行为能力人，法院准许其母李某以法定代理人身份代其诉讼。2022 年 7 月 3 日，法院判决二人离婚，并对双方共有财产进行了分割。该判决同日送达双方当事人，李某对解除其女儿与张男的婚姻关系无异议，但对共有财产分割有意见，拟提起上诉。2022 年 7 月 10 日，刘女身亡。在此情况下，本案将产生哪些法律后果？

A. 本案诉讼中止，视李某是否就一审判决提起上诉而确定案件是否终结

B. 本案诉讼终结

C. 一审判决生效，二人的夫妻关系根据判决解除，李某继承判决分配给刘女的财产

D. 一审判决未生效，二人的共有财产应依法分割，张男与李某对刘女的遗产均有继承权

【专题练习答案及详解】

1. B。《民诉解释》第 247 条规定，当事人就已经提起诉讼的事项在诉讼过程中或者裁判生效后再次起诉，同时符合下列条件的，构成重复起诉：（1）后诉与前诉的当事人相同；（2）后诉与前诉的诉讼标的相同；（3）后诉与前诉的诉讼请求相同，或者后诉的诉讼请求实质上否定前诉裁判结果。当事人重复起诉的，裁定不予受理；已经受理的，裁定驳回起诉，但法律、司法解释另有规定的除外。本案中，乙公司向法院提起要求确认买卖合同无效的诉（后诉）和甲公司与乙公司支付违约金的诉（前诉），当事人相同，诉讼标的相同，后诉的诉讼请求实质上否定了前诉的裁判结果，构成重复起诉，此时法院尚未受理，因此应裁定不予受理。故 B 项正确，ACD 项错误。

2. BD。《民事诉讼法》第 154 条规定，有下列情形之一的，终结诉讼：（1）原告死亡，没有继承人，或者继承人放弃诉讼权利的；（2）被告死亡，没有遗产，也没有应当承担义务的人的；（3）离婚案件一方当事人死亡的；（4）追索赡养费、扶养费、抚养费以及解除收养关系案件的一方当事人死亡的。本案中，审理离婚诉讼法院于 2022 年 7 月 3 日作出判决，刘女作为离婚诉讼中一方当事人于 2022 年 7 月 10 日死亡，符合该条第 3 项规定，应裁定诉讼终结，故 A 项错误。B 项正确。一审判决上诉期未满，李某作为刘女的法定代表人拟提起上诉，但尚未提起上诉，因此一审判决尚未生效，故 C 项错误。因判决尚未生效，夫妻关系依然存在。婚姻关系存续期间，夫妻一方死亡，应按照法定继承，张男与李某作为第一顺位法定继承人，对遗产享有继承权。故 D 项正确。

专题七　一审简易程序

考点 26　简易程序与普通程序之比较

	简易程序	普通程序
适用的法院	基层法院及其派出法庭。	各级法院。
案件范围	（1）限于事实清楚、权利义务关系明确、争议不大的简单民事案件。基层人民法院和它派出的法庭审理前述规定以外的民事案件，当事人双方也可以约定适用简易程序。 （2）下列案件不适用简易程序： ①起诉时被告下落不明； ②发回重审； ③当事人一方人数众多； ④适用审判监督程序； ⑤涉及国家利益、社会公共利益； ⑥第三人起诉请求改变或者撤销生效判决、裁定、调解书； ⑦其他不宜适用简易程序的案件。	除适用特别程序审理的和简单的民事案件外的一切民事案件。
起诉要件	没有任何条件限制，可以口头起诉。	只有在书面起诉有困难时，才允许口头起诉。
审判组织	审判员一人独任审判，不组成合议庭。	由审判员、人民陪审员共同或由审判员单独组成合议庭。基层人民法院审理的基本事实清楚、权利义务关系明确的第一审民事案件，可以由审判员一人适用普通程序独任审理。
受理	审判人员可以当即受理，也可以另定日期。	原告起诉后，法院有 7 日的立案审查期。

续表

	简易程序	普通程序
传唤当事人、通知证人的方式	（1）采取捎口信、电话、短信、传真、电子邮件等简便方式传唤双方当事人、通知证人和送达诉讼文书； （2）没有 3 日内的限制，案件随到随审。	（1）开庭 3 日前，人民法院以通知书方式通知证人或诉讼代理人、其他诉讼参与人到庭； （2）开庭 3 日前，以传票方式通知当事人、第三人到庭参加诉讼。
审限	（1）立案之日起 3 个月内审结； （2）审理期限到期后，有特殊情况需要延长的，经本院院长批准，可以延长审理期限。延长后的审理期限，累计不得超过 4 个月。	（1）6 个月审结； （2）如有特殊情况还可以依法延长。
终审	基层人民法院和它派出的法庭审理事实清楚、权利义务关系明确、争议不大的简单金钱给付民事案件，标的额为各省、自治区、直辖市上年度就业人员年平均工资 50% 以下的，适用小额诉讼的程序审理实行一审终审。	除最高人民法院受理的一审案件一审终审外，实行二审终审。

注意：（1）人民法院在审理过程中，发现案件不宜适用简易程序的，裁定转为普通程序。转为普通程序后，审理期限自人民法院立案之日起计算。
（2）已经按照普通程序审理的案件，在开庭后不得转为简易程序审理。

考点 27　小额诉讼程序

1. 基层人民法院和它派出的法庭审理事实清楚、权利义务关系明确、争议不大的简单金钱给付民事案件，标的额为各省、自治区、直辖市上年度就业人员年平均工资 50% 以下的，适用小额诉讼的程序审理，实行一审终审。

基层人民法院和它派出的法庭审理前述规定的民事案件，标的额超过各省、自治区、直辖市上年度就业人员年平均工资 50% 但在 2 倍以下的，当事人双方也可以约定适用小额诉讼的程序。

海事法院可以适用小额诉讼的程序审理海事、海商案件。案件标的额应当以实际受理案件的海事法院或者其派出法庭所在的省、自治区、直辖市上年度就业人员年平均工资为基数计算。

2. 下列金钱给付的案件，适用小额诉讼程序审理：（1）买卖合同、借款合同、租赁合同纠纷；（2）身份关系清楚，仅在给付的数额、时间、方式上存在争议的赡养费、抚育费、扶养费纠纷；（3）责任明确，仅在给付的数额、时间、方式上存在争议的交通事故损害赔偿和其他人身损害赔偿纠纷；（4）供用水、电、气、热力合同纠纷；（5）银行卡纠纷；（6）劳动关系清楚，仅在劳动报酬、工伤医疗费、经济补偿金或者赔偿金给付数额、时间、方式上存在争议的劳动合同纠纷；（7）劳务关系清楚，仅在劳务报酬给付数额、时间、方式上存在争议的劳务合同纠纷；（8）物业、电信等服务合同纠纷；（9）其他金钱给付纠纷。

3. 下列案件，不适用小额诉讼程序审理：（1）人身关系、财产确权纠纷；（2）涉外民事纠纷；（3）知识产权纠纷；（4）需要评估、鉴定或者对诉前评估、鉴定结果有异议的纠纷；（5）一方当事人下落不明的案件；（6）当事人提出反诉的案件；（7）其他不宜适用小额诉讼的程序审理的案件。

4. 小额程序必须一审终审，判决不得上诉，但可以再审。

申请事由	申请法院	再审之审判组织	审级
以生效裁判错误申请再审（适用小额程序无误）	原审法院	合议庭	一审终审（不得上诉）
以适用小额程序错误申请再审	原审法院	合议庭	两审终审（可上诉）

5. 小额诉讼中的管辖权异议裁定和驳回起诉裁定不得上诉。

【专题练习】

要点提炼

1. 关于简易程序的简便性，下列哪一表述是不正确的？

A. 受理程序简便，可以当即受理，当即审理

B. 审判程序简便，可以不按法庭调查、法庭辩论的顺序进行

C. 庭审笔录简便，可以不记录诉讼权利义务的告知、原被告的诉辩意见等通常性程序内容

D. 裁判文书简便，可以简化裁判文书的事实认定或判决理由部分

2. 赵洪诉陈海返还借款 100 元，法院决定适用小额诉讼程序审理。关于该案的审理，下列哪一选项是错误的？

A. 应在开庭审理时先行调解

B. 应开庭审理，但经过赵洪和陈海的书面同意后，可书面审理

C. 应当庭宣判

D. 应一审终审

【专题练习答案及详解】

1. C。《民事诉讼法》第 161 条第 2 款规定，当事人双方可以同时到基层人民法院或者它派出的法庭，请求解决纠纷。基层人民法院或者它派出的法庭可以当即审理，也可以另定日期审理。因此 A 项正确，不应选。《民事诉讼法》第 163 条规定，简单的民事案件由审判员一人独任审理，并不受本法第 139 条、第 141 条、第 144 条规定的限制。因此，B 项正确，不应选。《最高人民法院关于适用简易程序审理民事案件的若干规定》第 24 条规定，书记员应当将适用简易程序审理民事案件的全部活动记入笔录。对于下列事项，应当详细记载：（1）审判人员关于当事人诉讼权利义务的告知、争议焦点的概括、证据的认定和裁判的宣告等重大事项；（2）当事人申请回避、自认、撤诉、和解等重大事项；（3）当事人当庭陈述的与其诉讼权利直接相关的其他事项。因此，C 项错误，应选。该规定第 32 条规定，适用简易程序审理的民事案件，有下列情形之一的，人民法院在制作裁判文书时对认定事实或者判决理由部分可以适当简化：（1）当事人达成调解协议并需要制作民事调解书的；（2）方当事人在诉讼过程中明确表示承认对方全部诉讼请求或者部分诉讼请求的；（3）当事人对案件事实没有争议或者争议不大的；（4）涉及自然人的隐私、个人信息，或者商业秘密的案件，当事人一方要求简化裁判文书中的相关内容，人民法院认为理由正当的；（5）当事人双方一致同意简化裁判文书的。因此，D 项正确，不应选。

2. B。根据民事诉讼理论，小额诉讼程序应注重法院调解的适用，因此 A 项正确。《民事诉讼法》规定，小额诉讼程序属于第一审简易程序的简化形式，应当开庭审理，当事人无权选择书面审理，因此 B 项错误。《民事诉讼法》未对适用小额诉讼程序审理案件的宣判方式作出具体规定，应适用司法解释关于简易程序宣判方式的规定，即应当当庭宣判，故 C 项正确。小额诉讼程序实行一审终审制度，因此 D 项正确。

专题八　二审程序

考点 28　上诉提起条件

上诉的对象	（1）允许上诉的判决，即地方各级法院适用普通程序与简易程序审理后作出的第一审判决，以及法院对发回重审与按照一审程序对案件进行再审后作出的判决。 （2）三类判决不能上诉：一是最高法院作出的一审判决；二是法院适用特别程序、督促程序、公示催告程序作出的判决；三是法院适用小额程序审理的案件。 （3）允许上诉的裁定，即管辖权异议的裁定、不予受理的裁定、驳回起诉的裁定、不予受理破产申请的裁定、驳回破产申请的裁定。 注意：调解书不能上诉。
上诉的主体	上诉人必须是本案的当事人，包括依法享有上诉权的原告、被告、共同诉讼人、诉讼代表人和被代表的成员、有独立请求权的第三人、法院判决承担民事责任的无独立请求权的第三人；无民事行为能力人、限制民事行为能力人的法定代理人，可以代理当事人提起上诉。 上诉人、被上诉人的确定：谁不服，谁就是上诉人，对谁不服，谁就是被上诉人。 （1）通常案件：提起上诉的人是上诉人，没有提起上诉的人是被上诉人。双方当事人和第三人都提出上诉的，均为上诉人。 （2）必要共同诉讼：上诉的是上诉人，针对的是被上诉人，不涉及的依原审诉讼地位列明。 （3）普通共同诉讼人之间没有共同利害关系，其中一人的上诉行为不对其他人发生拘束力，每个普通共同诉讼人有独立的上诉权，未提起上诉的，均不能追加为上诉人。
上诉的期间	（1）在判决书送达之日起 15 日内向上一级法院提起上诉。在裁定书送达之日起 10 日内向上一级法院提起上诉。 （2）上诉期间从送达后的第二日开始计算。当事人分别收到的，以各自收到的时间计算。 （3）在中国领域内没有住所的当事人，不服第一审法院判决、裁定的，有权在判决书、裁定书送达之日起 30 日内提起上诉。被上诉人在收到上诉状副本后，应当在 30 日内提出答辩状。当事人不能在法定期间提起上诉或者提出答辩状，申请延期的，是否准许，由法院决定。

上诉的形式	应当提交上诉状（书面）。 一审宣判时或判决书、裁定书送达时，当事人口头表示上诉的，法院应告知其必须在法定上诉期间内提出上诉状。未在法定上诉期间内递交上诉状的，视为未提起上诉。 **注意**：当事人起诉以书面为原则，以口头为例外；但上诉必须采用书面方式，不允许口头上诉。

考点 29　上诉的审理

审查范围	针对与上诉请求有关的事实和适用法律进行审查。 **注意**：在刑事诉讼或行政诉讼中，二审的审查范围不受上诉人上诉范围的限制，均是对全案进行整体审查。
审理方式	经过阅卷、调查和询问当事人，对没有提出新的事实、证据或者理由，人民法院认为不需要开庭审理的，可以不开庭审理。（可以不开庭审理的具体情形参见《民诉解释》第331条）
审理地点	（1）二审法院； （2）案件发生地或原审法院所在地。
调解	（1）二审法院可对案件进行调解，达成协议的，制作调解书，调解书送达后，原审判决视为撤销。调解不成的，则应当及时判决。 （2）对当事人在一审中已经提出的诉讼请求，原审法院未作审理、判决的，二审法院可以调解，调解不成的，应当裁定撤销原判，发回重审。 （3）必须参加诉讼的当事人或者有独立请求权的第三人在一审中未参加诉讼，二审法院可以调解，调解不成的，应当裁定撤销原判，发回重审。 （4）一审判决不准离婚的案件，二审法院认为应当判决离婚的，可以与子女抚养、财产问题一并调解，调解不成的，应当裁定撤销原判，发回重审；双方当事人同意由二审法院一并审理的，第二审人民法院可以一并裁判。 （5）二审程序中，原审原告增加独立的诉讼请求或原审被告提出反诉，二审法院可以根据当事人自愿的原则就新增加的诉讼请求或反诉进行调解，调解不成的，告知当事人另行起诉；双方当事人同意由二审法院一并审理的，二审法院可以一并裁判。

要点提炼

【专题练习】

1. 甲、乙、丙三人共同致丁身体损害，丁起诉三人要求赔偿 3 万元。一审法院经审理判决甲、乙、丙分别赔偿 2 万元、8000 元、2000 元，三人承担连带责任。甲认为丙赔偿 2000 元的数额过低，提起上诉。关于本案二审当事人诉讼地位的确定，下列哪一选项是正确的？

A. 甲为上诉人，丙为被上诉人，乙为原审被告，丁为原审原告

B. 甲为上诉人，丙、丁为被上诉人，乙为原审被告

C. 甲、乙为上诉人，丙为被上诉人，丁为原审原告

D. 甲、乙、丙为上诉人，丁为被上诉人

2. 朱某诉力胜公司商品房买卖合同纠纷案，朱某要求判令被告支付违约金 5 万元；因房屋质量问题，请求被告修缮，费用由被告支付。一审法院判决被告败诉，认可了原告全部诉讼请求。力胜公司不服令其支付 5 万元违约金的判决，提起上诉。二审法院发现一审法院关于房屋有质量问题的事实认定，证据不充分。关于二审法院对本案的处理，下列哪些说法是正确的？

A. 应针对上诉人不服违约金判决的请求进行审理

B. 可对房屋修缮问题在查明事实的情况下依法改判

C. 应针对上诉人上诉请求所涉及的事实认定和法律适用进行审理

D. 应全面审查一审法院对案件的事实认定和法律适用

【专题练习答案及详解】

1. A。《民诉解释》第 317 条规定，必要共同诉讼人的一人或者部分人提起上诉的，按下列情形分别处理：(1) 上诉仅对对方当事人之间权利义务分担有意见，不涉及其他共同诉讼人利益的，对方当事人为被上诉人，未上诉的同一方当事人依原审诉讼地位列明；(2) 上诉仅对共同诉讼人之间权利义务分担有意见，不涉及对方当事人利益的，未上诉的同一方当事人为被上诉人，对方当事人依原审诉讼地位列明；(3) 上诉对双方当事人之间以及共同诉讼人之间权利义务承担有意见的，未提起上诉的其他当事人均为被上诉人。首先本案是必要共同诉讼，甲仅对共同诉讼人丙的赔偿数额有意见，不涉及对方当事人利益，因此甲为上诉人，丙为被上诉人；未上诉的同一方当事人依原审诉讼地位列明，即乙为原审被告；对方当事人依原审诉讼地位列明，即丁为原审原告。故 A 项正确，BCD 项错误，不选。

2. AC。《民事诉讼法》第 175 条规定，第二审人民法院应当对上诉请求的有关事实和适用法律进行审查。本案中，上诉人力胜公司对支付 5 万元的违约金不服提起上诉，故应当围绕不服违约金判决的请求，对该上诉请求所涉及的事实认定和法律适用进行审理。故 AC 项正确。尽管二审法院认为房屋有质量问题，事实不清，证据不足，但受二审审理范围的限制，也不得自行查清事实后改判，故 B 项错误。民事诉讼中二审应围绕当事人上诉请求进行，不适用全面审理，故 D 项错误。

专题九　特别程序

考点 30　特别程序

<table>
<tr>
<td rowspan="2">选民资格案件</td>
<td>条件：
（1）起诉人应先向选举委员会提出申诉后才能起诉；
（2）起诉人是与选民案件有直接利害关系的公民或无直接利害关系的其他公民。</td>
</tr>
<tr>
<td>程序：
（1）起诉；
（2）管辖：由选区所在地基层人民法院管辖；
（3）审判组织：由审判员组成合议庭进行；
（4）审理：在选举日前审结，起诉人、选举委员会的代表和有关公民必须参加；
（5）判决：在选举日前送达选举委员会和起诉人，并通知有关公民，对判决任何人不得上诉。</td>
</tr>
<tr>
<td rowspan="2">宣告失踪、死亡案件</td>
<td>条件：
（1）公民下落不明满一定期限：宣告失踪的须满2年，宣告死亡的须满4年，或因意外事件下落不明满2年，或因意外事件下落不明，经有关机关证明不可能生存的；
（2）由利害关系人提出，符合法律规定的多个利害关系人提出申请的，列为共同申请人；
（3）向下落不明人住所地基层人民法院提出申请，申请应附有公安机关或其他机关关于该公民下落不明的书面证明。</td>
</tr>
<tr>
<td>程序：
（1）受理；
（2）公告：宣告失踪的公告期为3个月，宣告死亡的公告期为1年（因意外事件下落不明，经有关机关证明该公民不可能生存的，宣告死亡的公告期为3个月）；
（3）判决：公告期届满后作出宣告死亡或宣告失踪的判决或者作出驳回申请的判决；
（4）被宣告失踪、宣告死亡的公民重新出现，经本人或者利害关系人申请，法院应撤销原判决。</td>
</tr>
</table>

指定遗产管理人案件	（1）管辖：由被继承人死亡时住所地或者主要遗产所在地基层人民法院管辖； （2）申请：由利害关系人申请； （3）判决：人民法院受理申请后，应当审查核实，并按照有利于遗产管理的原则，判决指定遗产管理人； （4）另行指定：被指定的遗产管理人死亡、终止、丧失民事行为能力或者存在其他无法继续履行遗产管理职责情形的，人民法院可以根据利害关系人或者本人的申请另行指定遗产管理人； （5）遗产管理人资格的撤销：遗产管理人违反遗产管理职责，严重侵害继承人、受遗赠人或者债权人合法权益的，人民法院可以根据利害关系人的申请，撤销其遗产管理人资格，并依法指定新的遗产管理人。
认定公民无民事行为能力、限制民事行为能力案件	（1）管辖：由该公民住所地基层人民法院管辖； （2）申请：由利害关系人或者有关组织申请； （3）鉴定； （4）代理：由近亲属为代理人，申请人除外； （5）判决； （6）被判无民事行为能力、限制民事行为能力的公民恢复行为能力的，应作出新判决，撤销原判决； （7）在诉讼中，当事人的利害关系人或者有关组织提出该当事人不能辨认或者不能完全辨认自己的行为，要求宣告该当事人无民事行为能力或者限制民事行为能力的，应由利害关系人或者有关组织向人民法院提出申请，由受诉人民法院按照特别程序立案审理，原诉讼中止。
认定财产无主案件	（1）管辖：由财产所在地基层人民法院管辖； （2）申请：由公民、法人或其他组织申请； （3）公告判决：人民法院受理，发出财产认领公告满1年后进行判决； （4）判决认定财产无主后，原所有人或继承人出现并在诉讼时效期间内提出申请，审查属实后应作出新判决，撤销原判决； （5）在公告期间，有人对该财产提出请求，法院应裁定终结特别程序，并告知申请人另行起诉，适用普通程序审理。

确认调解协议案件	（1）经依法设立的调解组织调解达成调解协议，申请司法确认的，由双方当事人自调解协议生效之日起 30 日内，共同向下列人民法院提出：①人民法院邀请调解组织开展先行调解的，向作出邀请的人民法院提出；②调解组织自行开展调解的，向当事人住所地、标的物所在地、调解组织所在地的基层人民法院提出；调解协议所涉纠纷应当由中级人民法院管辖的，向相应的中级人民法院提出。 （2）人民法院受理申请后，经审查，符合法律规定的，裁定调解协议有效，一方当事人拒绝履行或者未全部履行的，对方当事人可以向人民法院申请执行；不符合法律规定的，裁定驳回申请，当事人可以通过调解方式变更原调解协议或者达成新的调解协议，也可以向人民法院提起诉讼。
实现担保物权案件	（1）申请实现担保物权，由担保物权人以及其他有权请求实现担保物权的人依照法律，向担保财产所在地或者担保物权登记地基层人民法院提出。 （2）人民法院受理申请后，经审查，符合法律规定的，裁定拍卖、变卖担保财产，当事人依据该裁定可以向人民法院申请执行；不符合法律规定的，裁定驳回申请，当事人可以向人民法院提起诉讼。 （3）实现担保物权案件属于海事法院等专门人民法院管辖的，由专门人民法院管辖。

适用特别程序作出的判决、裁定，当事人、利害关系人认为有错误的，可以向作出该判决、裁定的人民法院提出异议。人民法院经审查，异议成立或者部分成立的，作出新的判决、裁定撤销或者改变原判决、裁定；异议不成立的，裁定驳回。

对人民法院作出的确认调解协议、准许实现担保物权的裁定，当事人有异议的，应当自收到裁定之日起 15 日内提出；利害关系人有异议的，自知道或者应当知道其民事权益受到侵害之日起 6 个月内提出。

【专题练习】

要点提炼

1. 李某因债务人刘某下落不明申请宣告刘某失踪。法院经审理宣告刘某为失踪人，并指定刘妻为其财产代管人。判决生效后，刘父认为由刘妻代管财产会损害儿子的利益，要求变更刘某的财产代管人。关于本案程序，下列哪一说法是正确的？

A. 李某无权申请刘某失踪

B. 刘父应提起诉讼变更财产代管人，法院适用普通程序审理

C. 刘父应向法院申请变更刘妻的财产代管权，法院适用特别程序审理

D. 刘父应向法院申请再审变更财产代管权，法院适用再审程序审理

2. 李云将房屋出售给王亮，后因合同履行发生争议，经双方住所地人民调解委员会调解，双方达成调解协议，明确王亮付清房款后，房屋的所有权归属王亮。为确保调解协议的效力，双方约定向法院提出司法确认申请，李云随即长期出差在外。下列哪一说法是正确的？

A. 本案系不动产交易，应向房屋所在地法院提出司法确认申请

B. 李云长期出差在外，王亮向法院提出确认申请，法院可受理

C. 李云出差两个月后，双方向法院提出确认申请，法院可受理

D. 本案的调解协议内容涉及物权确权，法院不予受理

【专题练习答案及详解】

1. B。《民事诉讼法》第 190 条第 1 款规定，公民下落不明满 2 年，利害关系人申请宣告其失踪的，向下落不明人住所地基层人民法院提出。本案中李某与刘某有债权债务关系，为利害关系人，故有权申请宣告刘某失踪。故 A 项错误，不当选。《民诉解释》第 342 条规定，失踪人的财产代管人经人民法院指定后，代管人申请变更代管的，比照《民事诉讼法》特别程序的有关规定进行审理。申请理由成立的，裁定撤销申请人的代管人身份，同时另行指定财产代管人；申请理由不成立的，裁定驳回申请。失踪人的其他利害关系人申请变更代管的，人民法院应当告知其以原指定的代管人为被告起诉，并按普通程序进行审理。本案中法院指定刘某妻子为财产代管人，刘某父亲为失踪人刘某的其他利害关系人，故刘某父亲提起诉讼，申请变更代管的，应当以原指定的代管人刘某妻子为被告提起诉讼，按普通程序审理。故 B 项正确。

2. D。《民事诉讼法》第 205 条规定，经依法设立的调解组织调解达成调解协议，申请司法确认的，由双方当事人自调解协议生效之日起 30 日内，共同向下列人民法院提出：（1）人民法院邀请调解组织开展先行调解的，向作出邀请的人民法院提出；（2）调解组织自行开展调解的，向当事人住所地、标的物所在地、调解组织所在地的基层人民法院提出；调解协议所涉纠纷应当由中级人民法院管辖的，向相应的中级人民法院提出。因此，ABC 项错误。《民诉解释》第 355 条规定，当事人申请司法确认调解协议，人民法院裁定不予受理的情形之一是调解协议内容涉及物权、知识产权确权的。因此，D 项正确。

专题十 再审程序

考点 31 再审程序的启动与程序

1. 启动

人民法院 （审判监督）	（1）提起再审的主体必须是法定的机关和人员。包括：①本法院院长和审判委员会；②上级人民法院；③最高人民法院。 （2）提起再审的客体必须是人民法院已发生法律效力的并确有错误的判决、裁定或调解书。 注意：①本法院院长只能将案件提交本院的审判委员会，由其决定是否对该案进行再审；②上级人民法院和最高人民法院提起再审的方式：提审；指令下级人民法院（不一定是原审法院）再审。
人民检察院 （抗诉）	（1）提起的主体：①最高人民检察院；②上级人民检察院。 注意：①只能向与自己同级的人民法院提起抗诉；②地方各级检察院对与自己同级的人民法院的生效裁判不能以自己的名义向该法院提起抗诉，而只能提请自己的上级人民检察院向与该上级人民检察院同级的人民法院提起抗诉。所以基层检察院没有再审抗诉权。 （2）客体是已发生法律效力的判决、裁定或调解书。 （3）须具有法定的事实和理由：①有新的证据，足以推翻原判决、裁定的；②原判决、裁定认定的基本事实缺乏证据证明的；③原判决、裁定认定事实的主要证据是伪造的；④原判决、裁定认定事实的主要证据未经质证的；⑤对审理案件需要的主要证据，当事人因客观原因不能自行收集，书面申请人民法院调查收集，人民法院未调查收集的；⑥原判决、裁定适用法律确有错误的；⑦审判组织的组成不合法或者依法应当回避的审判人员没有回避的；⑧无诉讼行为能力人未经法定代理人代为诉讼或者应当参加诉讼的当事人，因不能归责于本人或者其诉讼代理人的事由，未参加诉讼的；⑨违反法律规定，剥夺当事人辩论权利的；⑩未经传票传唤，缺席判决的；⑪原判决、裁定遗漏或者超出诉讼请求的；⑫据以作出原判决、裁定的法律文书被撤销或者变更的；⑬审判人员在审理该案件时有贪污受贿，徇私舞弊，枉法裁判行为的；⑭调解书损害国家利益、社会公共利益的。

人民检察院 （抗诉）	（4）有下列情形之一的，当事人可以向人民检察院申请检察建议或者抗诉：①人民法院驳回再审申请的；②人民法院逾期未对再审申请作出裁定的；③再审判决、裁定有明显错误的。人民检察院对当事人的申请应当在 3 个月内进行审查，作出提出或者不予提出检察建议或者抗诉的决定。当事人不得再次向人民检察院申请检察建议或者抗诉。
当事人 （申请再审）	（1）只能由本案原审中的当事人提起。包括：①原告或上诉人；②被告或被上诉人；③有独立请求权的第三人；④法院判决其承担实体义务的无独立请求权的第三人。 注意：①当事人死亡或者终止的，其权利义务承继者可按规定申请再审。②判决、调解书生效后，当事人将判决、调解书确认的债权转让，债权受让人对该判决、调解书不服申请再审的，人民法院不予受理。 （2）申请再审的客体须是已经发生法律效力的判决、裁定或调解书。 （3）下列案件不得申请再审：①对已发生法律效力的解除婚姻关系的判决、调解书；②适用特别程序、督促程序、公示催告程序、破产程序等非讼程序审理的案件；③除已经发生法律效力确有错误的驳回起诉、不予受理裁定外的其他裁定，均不得申请再审。 （4）申请再审应具备法定的事由：①有新的证据，足以推翻原判决、裁定的；②原判决、裁定认定的基本事实缺乏证据证明的；③原判决、裁定认定事实的主要证据是伪造的；④原判决、裁定认定事实的主要证据未经质证的；⑤对审理案件需要的主要证据，当事人因客观原因不能自行收集，书面申请人民法院调查收集，人民法院未调查收集的；⑥原判决、裁定适用法律确有错误的；⑦审判组织的组成不合法或者依法应当回避的审判人员没有回避的；⑧无诉讼行为能力人未经法定代理人代为诉讼或者应当参加诉讼的当事人，因不能归责于本人或者其诉讼代理人的事由，未参加诉讼的；⑨违反法律规定，剥夺当事人辩论权利的；⑩未经传票传唤，缺席判决的；⑪原判决、裁定遗漏或者超出诉讼请求的；⑫据以作出原判决、裁定的法律文书被撤销或者变更的；⑬审判人员在审理该案件时有贪污受贿，徇私舞弊，枉法裁判行为的。 注意：对生效的调解书的再审只有两个理由：调解违反自愿原则；调解书的内容违反法律规定。 （5）应当在判决、裁定发生法律效力后 6 个月内提出。有新的证据，足以推翻原判决、裁定的，原判决、裁定认定事实的主要证据是伪造的，作出原判决、裁定的法律文书被撤销或者变更，以及发现审判人员在审理该案件时有贪污受贿，徇私舞弊，枉法裁判行为的，自知道或者应当知道之日起 6 个月内提出。 （6）当事人申请再审后，应当提交再审申请书等材料。 注意：在这里的 6 个月期间是不变期间，自裁判生效后次日起计算。

2. 程序

人民法院（审判监督）	人民检察院（抗诉）	当事人（申请再审）
作出再审决定或指令下级人民法院再审的决定或提审决定。	（1）须制作抗诉书； （2）人民检察院派员出庭。	当事人向上一级人民法院申请再审；当事人一方人数众多或者当事人双方为公民的案件，也可以向原审人民法院申请再审。

（1）中止原判决、裁定、调解书的执行，但是追索赡养费、扶养费、抚养费、抚恤金、医疗费用、劳动报酬等案件，可以不中止执行；
（2）另行组成合议庭；
（3）依原审程序进行审理：①对原审为一审程序审结的案件，适用第一审程序；②对原审为二审程序审结的案件，适用第二审程序；③凡由最高人民法院或上级人民法院提审的案件均适用第二审程序。

考点 32　再审程序的审理与裁判

1. 再审案件的审理

审理组织	法院受理再审申请后，应当组成合议庭予以审查。审理再审案件，原来是第一审的，按照第一审程序另行组成合议庭；原来是第二审的或者是上级人民法院提审的，按照第二审程序另行组成合议庭。
原判决、裁定的执行	当事人申请再审的，不停止判决、裁定的执行。按照审判监督程序决定再审的案件，裁定中止原判决、裁定、调解书的执行，但追索赡养费、扶养费、抚恤金、医疗费用、劳动报酬等案件，可以不中止执行。
再审程序	（1）人民法院按照审判监督程序再审的案件，发生法律效力的判决、裁定是由第一审法院作出的，按照第一审程序审理，所作的判决、裁定，当事人可以上诉。 （2）发生法律效力的判决、裁定是由第二审法院作出的，按照第二审程序审理，所作的判决、裁定，是发生法律效力的判决、裁定。 （3）上级人民法院按照审判监督程序提审的，按照第二审程序审理，所作的判决、裁定是发生法律效力的判决、裁定。 （4）人民法院开庭审理再审案件，应当按照下列情形分别进行：①因当事人申请再审的，先由再审申请人陈述再审请求及理由，后由被申请人答辩、其他原审当事人发表意见；②因抗诉再审的，先由抗诉机关宣读抗诉书，再由申请抗诉的当事人陈述，后由被申请人答辩、

再审程序	其他原审当事人发表意见；③人民法院依职权再审，有申诉人的，先由申诉人陈述再审请求及理由，后由被申请人答辩、其他原审当事人发表意见；④人民法院依职权再审，没有申诉人的，先由原审原告或者原审上诉人陈述，后由原审其他当事人发表意见。 对前述第 1 项至第 3 项规定的情形，人民法院应当要求当事人明确其再审请求。 （5）人民法院审理再审案件应当围绕再审请求进行。当事人的再审请求超出原审诉讼请求的，不予审理；符合另案诉讼条件的，告知当事人可以另行起诉。 （6）被申请人及原审其他当事人在庭审辩论结束前提出的再审请求，符合《民事诉讼法》第 216 条规定的，人民法院应当一并审理。 （7）人民法院经再审，发现已经发生法律效力的判决、裁定损害国家利益、社会公共利益、他人合法权益的，应当一并审理。

2. 再审程序的裁判

维持原判	人民法院经再审审理认为，原判决、裁定认定事实清楚、适用法律正确的，应予维持。 原判决、裁定认定事实、适用法律虽有瑕疵，但裁判结果正确的，应当在再审判决、裁定中纠正瑕疵后予以维持。
依法改判	原判决、裁定认定事实、适用法律错误，导致裁判结果错误的，应当依法改判、撤销或者变更。
驳回起诉	按照第二审程序再审的案件，人民法院经审理认为不符合《民事诉讼法》规定的起诉条件或者符合《民事诉讼法》第 127 条规定不予受理情形的，应当裁定撤销一、二审判决，驳回起诉。

（1）再审申请审查期间，有下列情形之一的，裁定终结审查：①再审申请人死亡或者终止，无权利义务承继者或者权利义务承继者声明放弃再审申请的；②在给付之诉中，负有给付义务的被申请人死亡或者终止，无可供执行的财产，也没有应当承担义务的人的；③当事人达成和解协议且已履行完毕的，但当事人在和解协议中声明不放弃申请再审权利的除外；④他人未经授权以当事人名义申请再审的；⑤原审或者上一级人民法院已经裁定再审的；⑥有《民诉解释》第 381 条第 1 款规定情形的。

（2）再审审理期间，有下列情形之一的，可以裁定终结再审程序：①再审申请人在再审期间撤回再审请求，人民法院准许的；②再审申请人经传票传唤，无正当理由拒不到庭的，或者未经法庭许可中途退庭，按撤回再审请求处理的；③人民检察院撤回抗诉的；④有《民诉解释》第 400 条第 1 项至第 4 项规定情形的。

续表

> 因人民检察院提出抗诉裁定再审的案件，申请抗诉的当事人有前款规定的情形，且不损害国家利益、社会公共利益或者他人合法权益的，人民法院应当裁定终结再审程序。
> 再审程序终结后，人民法院裁定中止执行的原生效判决自动恢复执行。

【专题练习】

1. 周立诉孙华人身损害赔偿案，一审法院适用简易程序审理，电话通知双方当事人开庭，孙华无故未到庭，法院缺席判决孙华承担赔偿周立医疗费。判决书生效后，周立申请强制执行，执行程序开始，孙华向一审法院提出再审申请。法院裁定再审，未裁定中止原判决的执行。关于本案，下列哪一说法是正确的？

A. 法院电话通知当事人开庭是错误的

B. 孙华以法院未传票通知其开庭即缺席判决为由，提出再审申请是符合法律规定的

C. 孙华应向二审法院提出再审申请，而不可向原一审法院申请再审

D. 法院裁定再审，未裁定中止原判决的执行是错误的

2. 周某因合同纠纷起诉，甲省乙市的两级法院均驳回其诉讼请求。周某申请再审，但被驳回。周某又向检察院申请抗诉，检察院以原审主要证据系伪造为由提出抗诉，法院裁定再审。关于启动再审的表述，下列哪些说法是不正确的？

A. 周某只应向甲省高院申请再审

B. 检察院抗诉后，应当由接受抗诉的法院审查后，作出是否再审的裁定

C. 法院应当在裁定再审的同时，裁定撤销原判

D. 法院应当在裁定再审的同时，裁定中止执行

【专题练习答案及详解】

1. B。《民诉解释》第 261 条第 1 款、第 2 款规定，适用简易程序审理案件，人民法院可以依照《民事诉讼法》第 90 条、第 162 条的规定采取捎口信、电话、短信、传真、电子邮件等简便方式传唤双方当事人、通知证人和送达诉讼文书。以简便方式送达的开庭通知，未经当事人确认或者没有其他证据证明当事人已经收到的，人民法院不得缺席判决。因此，A 项错误。《民事诉讼法》第 211 条规定，未经传票传唤，缺席判决的，当事人可以申请再审。因此，B 项正确。对于题中未交代本案是否经过二审；而且《民事诉讼法》第 210 条规定，当事人一方人数众多或者当事人双方为公民的案件，可以向上一级人民法院申请再审，也可以向原审人民法院申请再审。因此，C 项错误。《民事诉讼法》第 217 条规定，按照审判监督程序决定再审的案件，裁定中止原判决、裁定、调解书的执行，但追索赡养费、扶养费、抚养费、抚恤金、医疗费用、劳动报酬等案件，可以不中止执行。因此，D 项错误。

2. ABC。《民事诉讼法》第 210 条规定，当事人对已经发生法律效力的判决、裁定，认为有错误的，可以向上一级人民法院申请再审；当事人一方人数众多或者当事人双方为公民的案件，也可以向原审人民法院申请再审。当事人申请再审的，不停止判决、裁定的执行。根据这一规定，若该案被告也为公民，则原告也可以向原审法院申请再审，故 A 项错误，应选。《民事诉讼法》第 222 条规定，检察院提出抗诉的，法院都应当立案再审，无权进行审查，故 B 项错误，应选。《民事诉讼法》第 217 条规定，按照审判监督程序决定再审的案件，裁定中止原判决、裁定、调解书的执行，但追索赡养费、扶养费、抚养费、抚恤金、医疗费用、劳动报酬等案件，可以不中止执行。因此，D 项正确，不应选，C 项错误，应选。

专题十一　非讼程序

考点 33　督促程序

督促程序的 管辖、审判 组织与审级	（1）债务人住所地的基层人民法院。 （2）独任审判。 （3）实行一审终审，且不得申请再审。
申请支付令 的条件	（1）请求给付金钱或者汇票、本票、支票、股票、债券、国库券、可转让的存款单等有价证券。 （2）请求给付的金钱或者有价证券已到期且数额确定，并写明了请求所根据的事实、证据。 （3）债权人没有对待给付义务。 （4）债务人在我国境内且未下落不明。 （5）支付令能够送达债务人。 （6）收到申请书的人民法院有管辖权。 （7）债权人未向人民法院申请诉前保全。
支付令的 效力	（1）债务人限期清偿债务的效力。 （2）具有强制执行效力。
支付令的 异议	（1）期限：15 日内。 （2）方式：书面。 （3）内容：实体上拒绝。 （4）可撤回：撤回后不可反悔。
督促程序和 普通程序的 转换	（1）诉讼程序转为督促程序：当事人没有争议，符合督促程序规定条件的，可以转入督促程序。 （2）督促程序转为诉讼程序：支付令失效的，转入诉讼程序，但申请支付令的一方当事人不同意提起诉讼的除外。

考点 34　公示催告程序

情形	适用公示催告程序的事项不限于票据，还有记名股票。
管辖	票据支付地基层法院。
止付通知	法院决定受理申请，应当同时通知支付人停止支付，并在 3 日内公告，催促利害关系人申报权利，公示催告的期间由法院决定，但不得少于 60 日。
利害关系人的申报及救济	利害关系人在除权判决作出前可申报权利，而非限于公告期内。法院收到申报后，应裁定终结公示催告程序，申请人或申报人可通过起诉方式解决争议。利害关系人因正当理由不能在判决前向法院申报的，自知道或应当知道判决公告之日起 1 年内，可以向作出判决的法院起诉。
除权判决	申请人申请除权判决后，法院只能宣告票据无效，而不可能宣告票据有效。
审理组织	适用公示催告程序审理案件，可由审判员一人独任审理；判决宣告票据无效的，应当组成合议庭审理。

要点提炼

【专题练习】

1. 甲公司购买乙公司的产品，丙公司以其房产为甲公司提供抵押担保。因甲公司未按约支付 120 万元货款，乙公司向 A 市 B 县法院申请支付令。法院经审查向甲公司发出支付令，甲公司拒绝签收。甲公司未在法定期间提出异议，而以乙公司提供的产品有质量问题为由向 A 市 C 区法院提起诉讼。关于本案，下列哪些表述是正确的？

A. 甲公司拒绝签收支付令，法院可采取留置送达

B. 甲公司提起诉讼，法院应裁定中止督促程序

C. 乙公司可依支付令向法院申请执行甲公司的财产

D. 乙公司可依支付令向法院申请执行丙公司的担保财产

2. 海昌公司因丢失票据申请公示催告，期间届满无人申报权利，海昌公司遂申请除权判决。在除权判决作出前，家佳公司看到权利申报公告，向法院申报权利。对此，法院下列哪一做法是正确的？

A. 因公示催告期满，裁定驳回家佳公司的权利申报

B. 裁定追加家佳公司参加案件的除权判决审理程序

C. 应裁定终结公示催告程序

D. 作出除权判决，告知家佳公司另行起诉

【专题练习答案及详解】

1. AC。《民诉解释》第 429 条规定，向债务人本人送达支付令，债务人拒绝接收的，人民法院可以留置送达。故 A 项正确。《民诉解释》第 430 条规定，有下列情形之一的，人民法院应当裁定终结督促程序，已发出支付令的，支付令自行失效：（1）人民法院受理支付令申请后，债权人就同一债权债务关系又提起诉讼的……《民诉解释》第 431 条规定，债务人在收到支付令后，未在法定期间提出书面异议，而向其他人民法院起诉的，不影响支付令的效力。本案中，甲公司未在法定期间内提出书面异议，也未向发出支付令的法院，即 A 市 B 县法院提起诉讼，而是向 A 市 C 区法院提起诉讼，并不影响支付令的效力，因此 B 项错误。《民诉解释》第 434 条规定，对设有担保的债务的主债务人发出的支付令，对担保人没有拘束力。乙公司申请法院向甲公司发出支付令，该支付令对丙公司并没有拘束力。《民事诉讼法》第 227 条规定，人民法院受理申请后，经审查债权人提供的事实、证据，对债权债务关系明确、合法的，应当在受理之日起 15 日内向债务人发出支付令；申请不成立的，裁定予以驳回。债务人应当自收到支付令之日起 15 日内清偿债务，或者向人民法院提出书面异议。债务人在前款规定的期间不提出异议又不履行支付令的，债权人可以向人民法院申请执行。故 C 项正确，D 项错误。

2. C。《民诉解释》第 448 条规定，在申报期届满后、判决作出之前，利害关系人申报权利的，应当适用《民事诉讼法》第 232 条第 2 款、第 3 款规定处理。《民事诉讼法》第 232 条第 2 款、第 3 款规定，人民法院收到利害关系人的申报后，应当裁定终结公示催告程序，并通知申请人和支付人。申请人或者申报人可以向人民法院起诉。本案中，申请人家佳公司申报的时间在法院作出除权判决之前，故家佳公司向法院申报权利后，法院应当裁定终结公示催告程序。C 项正确。

专题十二　执行程序

考点 35　第三人撤销之诉

期限和法院	应当自知道或者应当知道其民事权益受到损害之日起 6 个月内，向作出生效判决、裁定、调解书的人民法院提出，并提供相应材料。
是否开庭审理	人民法院对第三人撤销之诉案件，应当组成合议庭开庭审理。
受理	对于下列情形，人民法院不予受理： （1）适用特别程序、督促程序、公示催告程序、破产程序等非讼程序处理的案件。 （2）婚姻无效、撤销或者解除婚姻关系等判决、裁定、调解书中涉及身份关系的内容。 （3）《民事诉讼法》第 57 条规定的未参加登记的权利人对代表人诉讼案件的生效裁判。 （4）《民事诉讼法》第 58 条规定的损害社会公共利益行为的受害人对公益诉讼案件的生效裁判。
其他注意事项	受理第三人撤销之诉案件后，原告提供相应担保，请求中止执行的，人民法院可以准许。

考点 36　执行异议之诉

	案外人	申请执行人
条件	（1）符合《民事诉讼法》第 122 条规定； （2）案外人的执行异议申请已经被人民法院裁定驳回； （3）有明确的排除对执行标的执行的诉讼请求，且诉讼请求与原判决、裁定无关； （4）自执行异议裁定送达之日起 15 日内提起。	（1）符合《民事诉讼法》第 122 条规定； （2）依案外人执行异议申请，人民法院裁定中止执行； （3）有明确的对执行标的继续执行的诉讼请求，且诉讼请求与原判决、裁定无关； （4）自执行异议裁定送达之日起 15 日内提起。

	案外人	申请执行人
被告	以申请执行人为被告。被执行人反对案外人异议的，被执行人为共同被告；被执行人不反对案外人异议的，可以列被执行人为第三人。	以案外人为被告。被执行人反对申请执行人主张的，以案外人和被执行人为共同被告；被执行人不反对申请执行人主张的，可以列被执行人为第三人。
适用程序	普通程序。	普通程序。
处理	（1）案外人就执行标的享有足以排除强制执行的民事权益的，判决不得执行该执行标的。 （2）案外人就执行标的不享有足以排除强制执行的民事权益的，判决驳回诉讼请求。 注意：案外人应当就其对执行标的享有足以排除强制执行的民事权益承担举证证明责任。	（1）案外人就执行标的不享有足以排除强制执行的民事权益的，判决准许执行该执行标的。 （2）案外人就执行标的享有足以排除强制执行的民事权益的，判决驳回诉讼请求。

（1）申请执行人对中止裁定未提起执行异议之诉，被执行人提起执行异议之诉的，人民法院告知其另行起诉。

（2）人民法院应当在收到起诉状之日起 15 日内决定是否立案。

要点提炼

【专题练习】

1. 易某依法院对王某支付其 5 万元损害赔偿金之判决申请执行。执行中，法院扣押了王某的某项财产。案外人谢某提出异议，称该财产是其借与王某使用的，该财产为自己所有。法院经审查，认为谢某异议理由成立，遂裁定中止对该财产的执行。关于本案的表述，下列哪一选项是正确的？

A. 易某不服该裁定提起异议之诉的，由易某承担对谢某不享有该财产所有权的证明责任

B. 易某不服该裁定提起异议之诉的，由谢某承担对其享有该财产所有权的证明责任

C. 王某不服该裁定提起异议之诉的，由王某承担对谢某不享有该财产所有权的证明责任

D. 王某不服该裁定提起异议之诉的，由王某承担对其享有该财产所有权的证明责任

2. 钱某在甲、乙、丙三人合伙开设的饭店就餐时被砸伤，遂以营业执照上登记的字号"好安逸"饭店为被告提起诉讼，要求赔偿医疗费等费用 25 万元。法院经审理，判决被告赔偿钱某 19 万元。执行过程中，"好安逸"饭店支付了 8 万元后便再无财产可赔。对此，法院应采取下列哪一处理措施？

A. 裁定终结执行

B. 裁定终结本次执行

C. 裁定中止执行，告知当事人另行起诉合伙人承担责任

D. 裁定追加甲、乙、丙为被执行人，执行其财产

【专题练习答案及详解】

1. B。《民诉解释》第309条规定，案外人或者申请执行人提起执行异议之诉的，案外人应当就其对执行标的享有足以排除强制执行的民事权益承担举证证明责任。本案中，易某为申请执行人，谢某为案外人，执行过程中，谢某提出执行异议，法院裁定中止执行，申请人易某提起异议之诉时，由谢某承担其对执行标的享有民事权益的举证证明责任，故B项正确，A项错误。王某为被执行人，无权提起异议之诉，故CD项错误。

2. D。《最高人民法院关于民事执行中变更、追加当事人若干问题的规定》第14条规定，作为被执行人的合伙企业，不能清偿生效法律文书确定的债务，申请执行人申请变更、追加普通合伙人为被执行人的，人民法院应予支持。作为被执行人的有限合伙企业，财产不足以清偿生效法律文书确定的债务，申请执行人申请变更、追加未按期足额缴纳出资的有限合伙人为被执行人，在未足额缴纳出资的范围内承担责任的，人民法院应予支持。本案中，"好安逸"饭店为甲、乙、丙三人合伙开设的饭店，其财产不足以清偿法院判决支付给钱某的医疗费，故应当裁定追加合伙人甲、乙、丙为被执行人，执行其财产。故D项正确。

专题十三　民事诉讼数字记忆

（一）　当事人与诉讼代理人应当遵守的时限以及其他相关数字

1. "3 日内"

被罚款、拘留的人不服罚款、拘留决定申请复议的，应当自收到决定书之日起 3 日内提出。

2. "7 日内"

（1）适用简易程序审理的案件转为普通程序的，原告自接到人民法院交纳诉讼费用通知之日起 7 日内补交案件受理费。

（2）支付令失效后，申请支付令的一方当事人不同意提起诉讼的，应当自收到终结督促程序裁定之日起 7 日内向受理申请的人民法院提出。

（3）支付令失效后，申请支付令的一方当事人自收到终结督促程序裁定之日起 7 日内未向受理申请的人民法院表明不同意提起诉讼的，视为向受理申请的人民法院起诉。

3. "10 日内"

（1）对法院驳回管辖权异议的裁定不服的，可以在 10 日内向上一级法院上诉。

（2）当事人因不可抗拒的事由或者其他正当理由耽误期限的，在障碍消除后的 10 日内，可以申请顺延期限。

（3）对一审裁定提起上诉的期限为 10 日。

4. "15 日内"

（1）提出管辖权异议：被告收到起诉状副本的 15 日内。

（2）对一审判决提起上诉的期限为 15 日。

（3）被告人、被上诉人的答辩期间为 15 日。

（4）债务人接到支付令后无异议的，应当在 15 日内偿还债务；债务人对支付令有异议的，应在 15 日内向法院提出书面异议。

5. "6 个月"

（1）人民法院自收到申请执行书之日起超过 6 个月未执行的，申请执行人可以向上一级人民法院申请执行。

（2）当事人申请再审的，应当在判决、裁定发生法律效力后 6 个月内提出；有新的证据，足以推翻原判决、裁定的，原判决、裁定认定事实的主要证据是伪造的，据以作出原判决、裁定的法律文书被撤销或者变更，以及发现审判人员在审理该案件时有贪污受贿，徇私舞弊，枉法裁判行为的，自知道或者应当知道之日起 6 个月内提出。

6. "30 日内"

（1）申请人在采取保全措施后 30 日内不起诉或申请仲裁，法院解除保全措施。

（2）涉外：被告在国内没有住所的，法院应当将起诉状副本送达被告，并通知被告在收到起诉状副本后 30 日内提出答辩状。

（3）涉外：在国内没有住所的当事人，不服第一审法院判决、裁定的，有权在判决书、裁定书送达之日起 30 日内提起上诉。

（4）涉外：被上诉人在收到上诉状副本后，应当在 30 日内提出答辩状。

（5）涉外：对不在我国领域内居住的被告，经用公告方式送达诉状或传唤，公告期满不应诉，法院缺席判决后，仍应将裁判文书公告送达。自公告送达裁判文书期限届满之日起，经过 30 日的上诉期当事人没有上诉的，一审判决即发生法律效力。

（6）涉外：当事人双方分别居住在我国领域内和领域外，对一审法院判决、裁定的上诉期，居住在我国领域外的为 30 日（判决、裁定都是）。

7. "2 年"

（1）公民下落不明满 2 年，利害关系人申请宣告其失踪的，向下落不明人住所地基层人民法院提出。

（2）公民因意外事件下落不明满 2 年，利害关系人申请宣告其死亡的，向下落不明人住所地基层人民法院提出。

（3）申请执行的期间为 2 年。

（二）人民法院应当遵守的时限以及其他相关数字

1. "3 日内""3 日前"

（1）法院对当事人提出的回避申请，应当在申请提出的 3 日内作出决定。法院的复议决定应当在接到申请后 3 日内作出。

（2）一审开庭 3 日前，人民法院应当通知当事人和其他诉讼参与人到庭。

（3）审判人员确定后，3 日内告知当事人。

（4）公示催告：人民法院在决定受理、发出止付通知的 3 日内发出公告。

2. "5 日内"

（1）直接向二审法院提出上诉的，二审法院应当在 5 日内将上诉状移交原审法院，由原审法院审查是否具备上诉条件。

（2）一审立案后 5 日内向被告发送起诉状副本。

（3）原审法院向被上诉人送达上诉状副本的期间为 5 日。

（4）原审法院向上诉人送达答辩状副本的期间为 5 日。

（5）原审法院向上级法院移送上诉状、答辩状、证据、案卷材料的期间为 5 日。

（6）支付令：法院在收到申请之后进行审查，应在 5 日内通知是否受理。

3.　"7 日内"

（1）人民法院对执行标的裁定中止执行后，申请执行人在法律规定的期间内未提起执行异议之诉的，人民法院应当自起诉期限届满之日起 7 日内解除对该执行标的采取的执行措施。

（2）当事人的起诉符合起诉条件的，人民法院应当在 7 日内立案，并通知当事人；不符合起诉条件的，应当在 7 日内作出裁定书，不予受理。

（3）人民法院收到公示催告的申请后，应当立即审查，并决定是否受理。经审查认为符合受理条件的，通知予以受理，并同时通知支付人停止支付；认为不符合受理条件的，7 日内裁定驳回申请。

4.　"10 日内"

一审当庭宣判的，应当在 10 日内发送判决书。

5.　"15 日内"

（1）人民法院确定举证期限的，适用第一审普通程序审理的案件不得少于 15 日，当事人提供新的证据的第二审案件不得少于 10 日，适用简易程序审理的案件不得超过 15 日。

（2）当事人、利害关系人认为执行行为违反法律规定，提出书面异议的，人民法院应当自收到书面异议之日起 15 日内审查，理由成立的，裁定撤销或者改正；理由不成立的，裁定驳回。

（3）执行过程中，案外人对执行标的提出书面异议的，人民法院应当自收到书面异议之日起 15 日内审查，理由成立的，裁定中止对该标的的执行；理由不成立的，裁定驳回。

（4）被执行人或者被执行的财产在外地的，可以委托当地人民法院代为执行。受委托人民法院收到委托函件后，必须在 15 日内开始执行，不得拒绝。受委托人民法院自收到委托函件之日起 15 日内不执行的，委托人民法院可以请求受委托人民法院的上级人民法院指令受委托人民法院执行。

（5）拘留的期限：15 日以下。

（6）一审立案后，被告应当在 15 日内提交答辩状。

（7）发出支付令的期限是受理之日起 15 日内。

6.　"30 日内"

（1）人民法院在必要时可以委托外地人民法院调查。受委托人民法院收到委托书后，应当在 30 日内完成调查。因故不能完成的，应当在上述期限内函告委托人民法院。

（2）人民法院审理对裁定的上诉案件，应当在第二审立案之日起 30 日内作出终审裁定。

（3）人民法院适用特别程序审理的案件，应当在立案之日起 30 日内或者公告期满后 30 日内审结。有特殊情况需要延长的，由本院院长批准。但审理选民资格的案件除外。

（4）人民检察院提出抗诉的案件，接受抗诉的人民法院应当自收到抗诉书之日起 30 日内作出再审的裁定。

（5）公告送达：受送达人下落不明，或者用其他方式无法送达的，采用公告送达。自发出公告之日起，经过 30 日，即视为送达。

7. "60 日"

(1) 公示催告的公告期间不得少于 60 日。

(2) 涉外公告送达：人民法院对于在我国没有住所的当事人送达诉讼文书，不能用其他方式送达的，公告送达，自发出公告之日起，经过 60 日，即视为送达。

8. "48 小时"

(1) 诉讼保全：人民法院接受申请后，对情况紧急的，必须在 48 小时内作出裁定。

(2) 诉前保全：人民法院接受申请后，必须在 48 小时内作出裁定。

9. "3 个月"

涉外邮寄送达：自邮寄之日起满 3 个月，送达回证没有退回，但根据各种情况足以认定已经送达的，期间届满之日视为送达。

10. 罚款的数额

个人 10 万元以下；单位 5 万元以上 100 万元以下。

11. 一审的审限

(1) 适用普通程序审理的案件，应当在立案之日起 6 个月内审结。

(2) 适用简易程序审理的案件，应当在立案之日起 3 个月内审结。

(3) 适用小额程序审理的案件，应当在立案之日起 2 个月内审结。

(4) 适用特别程序审理的案件，应当在立案之日起 30 日内或者公告期满后 30 日内审结，审理选民资格案件必须在选举日前审结。

(5) 延长：

适用普通程序审理的案件，有特殊情况需要延长的，经本院院长批准，可以延长 6 个月，还需延长的，报请上级法院批准。

简易程序的审理期限到期后，有特殊情况需要延长的，经本院院长批准，可以延长审理期限。延长后的审理期限累计不得超过 4 个月。

适用小额诉讼的程序审理案件，有特殊情况需要延长的，经本院院长批准，可以延长 1 个月。

适用特别程序审理的案件，有特殊情况需要延长的，由本院院长批准，但审理选民资格案件必须在选举日前审结。

12. 二审的审限

(1) 判决：应在第二审立案之日起 3 个月内审结；有特殊情况需要延长的，由本院院长批准；

(2) 裁定：应在第二审立案之日起 30 日内作出终审裁定。

13. 不计算在审限内的时间

(1) 公告、鉴定期间；

(2) 管辖权异议、管辖争议的时间；

(3) 执行中拍卖、变卖被查封、扣押财产的期间；

(4) 有关专业机构进行审计、评估、资产清理的时间；

(5) 双方当事人申请庭外和解的期间；

(6) 中止诉讼（或执行）至恢复诉讼（或执行）的期间；

(7) 上级人民法院通知暂缓执行的期间；

(8) 当事人达成执行和解或提供执行担保之后，执行法院决定暂缓执行的期间；

(9) 在答辩期满前调解延长的调解期间。

14. 再审的审查

人民法院应当自收到再审申请书之日起 3 个月内审查，符合《民事诉讼法》规定的，裁定再审；不符合《民事诉讼法》规定的，裁定驳回申请。有特殊情况需要延长的，由本院院长批准。

（三） 仲裁程序中应当遵守的时限以及其他相关数字

1. 审查与受理：仲裁委员会收到仲裁申请书之日起 5 日内，认为符合受理条件的，应当受理。

2. 对裁决书中的文字、计算错误或者仲裁庭已经裁决但在裁决书中遗漏的事项，仲裁庭应当补正；当事人自收到裁决书之日起 30 日内，可以请求仲裁庭补正。

主观试题

试题一

案情： 杨之元开设古玩店，因收购藏品等所需巨额周转资金，即以号称"镇店之宝"的一块雕有观音图像的翡翠（以下简称翡翠观音）作为抵押物，向胜洋小额贷款公司（以下简称胜洋公司）贷款 200 万元，但翡翠观音仍然置于杨之元店里。后，古玩店经营不佳，进入亏损状态，无力如期偿还贷款。胜洋公司遂向法院起诉杨之元。

法院经过审理，确认抵押贷款合同有效，杨之元确实无力还贷，遂判决翡翠观音归胜洋公司所有，以抵偿 200 万元贷款及利息。判决生效后，杨之元未在期限内履行该判决。胜洋公司遂向法院申请强制执行。

在执行过程中，案外人商玉良向法院提出执行异议，声称该翡翠观音属于自己，杨之元无权抵押。并称：当初杨之元开设古玩店，需要有"镇店之宝"装点门面，经杨之元再三请求，商玉良才将自己的翡翠观音借其使用半年（杨之元为此还支付了 6 万元的借用费），并约定杨之元不得处分该翡翠观音，如造成损失，商玉良有权索赔。

法院经审查，认为商玉良提出的执行异议所提出的事实没有充分的证据，遂裁定驳回商玉良的异议。

问题：

1. 执行异议被裁定驳回后，商玉良是否可以提出执行异议之诉？为什么？

2. 如商玉良认为作为法院执行根据的判决有错，可以采取哪两种途径保护自己的合法权益？

3. 与第 2 问"两种途径"相关的两种民事诉讼制度（或程序）在适用程序上有何特点？

4. 商玉良可否同时采用上述两种制度（或程序）维护自己的权益？为什么？

要点提炼

试题二

案情：2019 年 5 月，居住在 S 市二河县的郝志强、迟丽华夫妻将二人共有的位于 S 市三江区的三层楼房出租给包童新居住，协议是以郝志强的名义签订的。2021 年 3 月，住所地在 S 市四海区的温茂昌从该楼房底下路过，被三层掉下的窗户玻璃砸伤，花费医疗费8500 元。

就温茂昌受伤赔偿问题，利害关系人有关说法是：包童新承认当时自己开了窗户，但没想到玻璃会掉下，应属窗户质量问题，自己不应承担责任；郝志强认为窗户质量没有问题，如果不是包童新使用不当，窗户玻璃不会掉下；此外，温茂昌受伤是在该楼房院子内，作为路人的温茂昌不应未经楼房主人或使用权人同意擅自进入院子里，也有责任；温茂昌认为自己是为了躲避路上的车辆而走到该楼房旁边的，不知道这个区域已属个人私宅的范围。为此，温茂昌将郝志强和包童新诉至法院，要求他们赔偿医疗费用。

法院受理案件后，向被告郝志强、包童新送达了起诉状副本等文件。在起诉状、答辩状中，原告和被告都坚持协商过程中自己的理由。开庭审理 5 天前，法院送达人员将郝志强和包童新的传票都交给包童新，告知其将传票转交给郝志强。开庭时，温茂昌、包童新按时到庭，郝志强迟迟未到庭。法庭询问包童新是否将出庭传票交给了郝志强，包童新表示 4 天之前就交了。法院据此在郝志强没有出庭的情况下对案件进行审理并作出了判决，判决郝志强与包童新共同承担赔偿责任：郝志强赔偿 4000 元，包童新赔偿 4500 元，两人相互承担连带责任。

一审判决送达后，郝志强不服，在上诉期内提起上诉，认为一审审理程序上存在瑕疵，要求二审法院将案件发回重审。包童新、温茂昌没有提起上诉。

问题：

1. 哪些（个）法院对本案享有管辖权？为什么？
2. 本案的当事人确定是否正确？为什么？
3. 本案涉及的相关案件事实应由谁承担证明责任？
4. 一审案件的审理在程序上有哪些瑕疵？二审法院对此应当如何处理？

主观试题参考答案及详解

试题一

1. 【参考答案】商玉良不可以提出执行异议之诉。因为商玉良主张被抵押的翡翠观音属自己所有，即法院将翡翠观音用以抵偿杨之元的债务的判决是错误的，该执行异议与原判有关，不能提起执行异议之诉。

【考点】案外人执行异议被驳回后的救济

【详解】案外人执行异议被法院裁定驳回后，案外人究竟是通过提出执行异议之诉的方式还是通过申请再审的方式寻求救济，应当取决于案外人异议的标的与生效法律文书的关系。正确解答本题的关键在于考生需要注意到，在本案的生效判决中，已经将翡翠观音直接判归胜洋公司所有，以抵偿 200 万元贷款及利息，因此，商玉良作为案外人提出的执行异议被法院裁定驳回后，其只能通过申请再审的方式寻求救济，而不可以提出执行异议之诉。

2. 【参考答案】商玉良可以根据《民事诉讼法》第 59 条第 3 款规定，提起第三人撤销之诉；或根据《民事诉讼法》第 238 条规定，以案外人身份申请再审。

【考点】第三人撤销之诉与案外人申请再审

【详解】在本案中，商玉良主张其是判决所涉及的翡翠观音的所有权人，就判决所涉及的翡翠观音，商玉良是有独立请求权的第三人，其认为作为法院执行根据的判决有错，损害了其民事权益。商玉良可以通过两种途径保护其合法权益：第一，商玉良有权提起第三人撤销之诉；第二，商玉良在执行程序中提出案外人执行异议，如果其执行异议被法院裁定驳回，其有权向生效判决的作出法院申请再审。

《民事诉讼法》第 59 条第 3 款规定："前两款规定的第三人，因不能归责于本人的事由未参加诉讼，但有证据证明发生法律效力的判决、裁定、调解书的部分或者全部内容错误，损害其民事权益的，可以自知道或者应当知道其民事权益受到损害之日起六个月内，向作出该判决、裁定、调解书的人民法院提起诉讼。人民法院经审理，诉讼请求成立的，应当改变或者撤销原判决、裁定、调解书；诉讼请求不成立的，驳回诉讼请求。"

《民事诉讼法》第 238 条规定："执行过程中，案外人对执行标的提出书面异议的，人民法院应当自收到书面异议之日起十五日内审查，理由成立的，裁定中止对该标的的执行；理由不成立的，裁定驳回。案外人、当事人对裁定不服，认为原判决、裁定错误的，依照审判监督程序办理；与原判决、裁定无关的，可以自裁定送达之日起十五日内向人民法院提起诉讼。"

3. 【参考答案】（1）第三人撤销之诉在适用上的特点：

①诉讼主体：有权提起第三人撤销之诉的须是当事人以外的第三人，该第三人应当具备诉的利益，即其民事权益受到了原案判决书的损害。商玉良是原告，杨之元和胜洋公司是被告。

②诉讼客体：损害了第三人民事权益的发生法律效力的判决书。

③提起诉讼的期限、条件与受理法院：期限是自知道或应当知道其民事权益受到损害之日起 6 个月内。条件为：因不能归责于本人的事由未参加诉讼；发生法律效力的判决的全部或者部分内容错误；判决书内容错误，损害其民事权益。受诉法院为作出生效判决的人民法院。

（2）案外人申请再审程序的特点：

①适用一审程序进行再审的，得追加案外人为当事人；适用二审程序进行再审的，可以进行调解，调解不成的，应撤销原判决，发回重审，并在重审中追加案外人为当事人。

②其他程序内容与通常的再审程序基本相同。

【考点】第三人撤销之诉与案外人申请再审的特点

【详解】该题直接考查考生对第三人撤销之诉制度与案外人执行异议被法院裁定驳回后案外人申请再审制度的特点，这两种制度均是对受生效判决损害其民事权益的第三人的事后救济制度，但是两者存在很大的区别，第三人撤销之诉是以提起诉讼的方式，通过两审终审的正常诉讼程序寻求救济；而执行异议被法院裁定驳回后案外人申请再审，是通过审判监督程序寻求救济。

4. 【参考答案】商玉良不可以同时适用上述两种制度（或程序）。

第三人提起撤销之诉后，未中止生效判决、裁定、调解书执行的，执行法院对第三人提出的执行异议，应予审查。第三人不服驳回执行异议裁定，申请对原判决、裁定、调解书再审的，人民法院不予受理。

案外人对人民法院驳回其执行异议裁定不服，认为原判决、裁定、调解书内容错误损害其合法权益的，应当申请再审，提起第三人撤销之诉的，人民法院不予受理。

【考点】第三人撤销之诉与案外人申请再审的适用

【详解】该题考查考生对第三人撤销之诉与案外人申请再审适用的特点，由于两种制度均是对因不能归责于本人或者其诉讼代理人的原因未参加诉讼的第三人予以事后救济的制度，立法赋予第三人选择权，即第三人有权选择其中一种方式寻求救济。

《民诉解释》第 301 条规定："第三人提起撤销之诉后，未中止生效判决、裁定、调解书执行的，执行法院对第三人依照民事诉讼法第二百三十四条①规定提出的执行异议，应予审查。第三人不服驳回执行异议裁定，申请对原判决、裁定、调解书再审的，人民法院不予受理。案外人对人民法院驳回其执行异议裁定不服，认为原判决、裁定、调解书内容错误损害其合法权益的，应当根据民事诉讼法第二百三十四条②规定申请再审，提起第三人撤销之诉的，人民法院不予受理。"

---

① 现为第 238 条。

② 同上。

试题二

1. 【参考答案】S市三江区法院和S市二河县法院对本案有管辖权。《民事诉讼法》第29条规定，因侵权行为提起的诉讼，由侵权行为地或者被告住所地法院管辖。S市三江区法院为侵权行为地和被告包童新住所地，S市二河县法院为被告郝志强住所地。

【考点】 特殊地域管辖

【详解】 本案是由基层人民法院管辖的第一审普通民事案件，不存在其他级别人民法院管辖的特殊情形，因此由基层人民法院管辖。《民事诉讼法》第29条规定："因侵权行为提起的诉讼，由侵权行为地或者被告住所地人民法院管辖。"本案是因侵权行为提起的诉讼，由侵权行为地三江区人民法院或被告住所地二河县人民法院管辖。综上，三江区基层人民法院或二河县基层人民法院对本案有管辖权。

2. 【参考答案】本案一审当事人的确定不完全正确（或部分正确，或部分错误）：

（1）温茂昌作为原告，郝志强、包童新作为被告正确，遗漏迟丽华为被告错误。温茂昌是受害人，与案件的处理结果有直接的利害关系，作为原告，正确。

（2）《民法典》第1253条规定，建筑物、构筑物或者其他设施及其搁置物、悬挂物发生脱落、坠落造成他人损害，所有人、管理人或者使用人不能证明自己没有过错的，应当承担侵权责任。郝志强为楼房所有人，包童新为楼房使用人，作为被告，正确。

（3）迟丽华作为楼房的所有人之一，没有列为被告，错误。

【考点】 共同诉讼人

【详解】 本案为建筑物发生脱落、坠落造成他人损害的侵权案件，《民法典》第1253条规定："建筑物、构筑物或者其他设施及其搁置物、悬挂物发生脱落、坠落造成他人损害，所有人、管理人或者使用人不能证明自己没有过错的，应当承担侵权责任。所有人、管理人或者使用人赔偿后，有其他责任人的，有权向其他责任人追偿。"位于S市三江区的三层楼房为郝志强、迟丽华夫妻共有，二人为房屋所有人；原告温茂昌被三层掉下的窗户玻璃砸伤时，该房屋为房屋租赁人包童新现实使用。在该侵权责任法律关系中，本案应由房屋所有人郝志强、迟丽华以及现实使用人包童新共同承担侵权责任，但本案原告温茂昌起诉郝志强、包童新，法院仅将郝志强、包童新列为被告，遗漏了当事人迟丽华，因此本案当事人确定错误。

3. 【参考答案】（1）郝志强为该楼所有人、包童新为该楼使用人的事实、该楼三层掉下的窗户玻璃砸伤温茂昌的事实、温茂昌受伤状况的事实、温茂昌治伤花费医疗费8500元的事实等，由温茂昌承担证明责任。

（2）包童新认为窗户质量存在问题的事实，由包童新承担证明责任。

（3）包童新使用窗户不当的事实、温茂昌未经楼房的主人或使用权人的同意擅自进到楼房的院子里的事实，由郝志强承担证明责任。

【考点】 证明责任

【详解】根据前述《民法典》第1253条规定，建筑物、构筑物脱落、坠落致人损害，由所有人、管理人或者使用人承担无过错责任。本案中应当由被告郝志强和包童新对自己无过错承担证明责任。

4.【参考答案】（1）一审案件的审理存在如下瑕疵：第一，遗漏被告迟丽华：迟丽华作为楼房所有人之一，应当作为被告参加诉讼。第二，一审法院通过包童新向郝志强送达开庭传票没有法律根据，属于违法行为；法院未依法向郝志强送达开庭传票，进而导致案件缺席判决，不符合作出缺席判决的条件，并严重限制了郝志强辩论权的行使。

（2）遗漏当事人、违法缺席判决、严重限制当事人辩论权的行使，都属于司法解释中列举的程序上严重违法、案件应当发回重审的行为，因此，二审法院应当裁定发回重审。

【考点】一审程序；上诉案件的裁判

【详解】1. 一审审理上的瑕疵：

（1）遗漏被告迟丽华，作为房屋所有人之一，应当作为被告参加诉讼。

（2）传票送达方式错误。本案中，法院将传票交给包童新并让其转交给另一被告郝志强。法律对转交送达有其适用条件，《民事诉讼法》第92条规定："受送达人是军人的，通过其所在部队团以上单位的政治机关转交。"《民事诉讼法》第93条规定："受送达人被监禁的，通过其所在监所转交。受送达人被采取强制性教育措施的，通过其所在强制性教育机构转交。"被告郝志强并不符合上述条件，包童新也并非可以转交送达的主体，不能视为有效送达。

（3）缺席判决错误。《民事诉讼法》第147条规定："被告经传票传唤，无正当理由拒不到庭的，或者未经法庭许可中途退庭的，可以缺席判决。"本案中，法院在传票送达方式上存在错误，尽管当庭询问包童新，仍不能视为有效送达。法院在未对被告完成传票送达的情况下对被告郝志强进行缺席判决，属于违法缺席判决，同时严重限制了郝志强的辩论权的行使。

2. 二审法院的处理：

二审法院应当撤销原判，发回重审。《民事诉讼法》第177条第1款规定："第二审人民法院对上诉案件，经过审理，按照下列情形，分别处理：……（四）原判决遗漏当事人或者违法缺席判决等严重违反法定程序的，裁定撤销原判决，发回原审人民法院重审。"本案中，一审法院遗漏当事人，违法缺席判决，严重限制当事人辩论权的行使，属于程序上严重违法，应当发回重审的行为，故应当撤销原判，发回重审。

第二部分　刑事诉讼法

专题一　刑事诉讼法的基本原则

考点1　未经人民法院依法判决，对任何人都不得确定有罪

含义	（1）定罪权之专属性。确定被告人有罪的权力由法院统一行使，其他任何机关、团体和个人都无权行使。 （2）程序要求。人民法院判决被告人有罪，必须严格依照法定程序，在保障被告人享有充分辩护权和其他权利的基础上，依法组成审判庭进行公开、公正审判。
体现	（1）人民法院享有统一定罪的权力。 （2）被追诉者在刑事诉讼过程中一律称为犯罪嫌疑人、被告人，而不能称为犯人。 （3）不存在免予起诉的决定，人民检察院只能作出提起公诉的决定或者不起诉的决定，而不能作出免予起诉的决定。 （4）在刑事诉讼中，被告人有罪的举证责任由人民检察院或者自诉人承担，被告人没有证明自己无罪的义务。 （5）人民法院开庭审理案件，不以被告人的行为构成犯罪为前提条件。 （6）对于证据不足、不能认定被告人有罪的案件，人民法院应当作出证据不足、指控罪名不能成立的无罪判决。

考点 2　具有法定情形不予追究刑事责任

法定情形	情节显著轻微、危害不大，不认为是犯罪的。	（1）故意伤害中造成对方轻微伤属于显著轻微，不构成犯罪；但注意，如果是轻伤则为情节轻微，达到了刑法中犯罪的标准。 （2）在数额类的犯罪中，如果没有达到刑法规定的最低标准，也是这里的情节显著轻微。
	犯罪已过追诉时效期限的。	刑法规定了对于刑事犯罪的追诉期限： （1）法定最高刑为不满 5 年有期徒刑的，经过 5 年。 （2）最高刑为 5 年以上不满 10 年有期徒刑的，经过 10 年。 （3）最高刑为 10 年以上有期徒刑的，经过 15 年。 （4）最高刑为无期、死刑的，经过 20 年。 （5）超过上述法定追诉时效的，一般不再追究刑事责任。 （6）20 年以后必须追诉的，由最高检核准。
	经特赦令免除刑罚的。	在我国，全国人大常委会有权决定特赦，这种特赦命令具有终止刑事追究的法律效力。
	依照刑法告诉才处理的犯罪，没有告诉或者撤回告诉的。	（1）告诉才处理的案件以被害人提出告诉为前提，被害人没有提出告诉或者撤回告诉的，对这类案件的追究就失去了法律基础。 （2）告诉才处理的四类案件： ①侮辱罪、诽谤罪（《刑法》第 246 条，但严重危害社会秩序和国家利益的除外）； ②暴力干涉婚姻自由罪（《刑法》第 257 条第 1 款）； ③虐待罪（《刑法》第 260 条第 1 款，但被害人没有能力告诉或者因受到强制、威吓无法告诉的除外）； ④侵占罪（《刑法》第 270 条）。
	犯罪嫌疑人、被告人死亡的。	死亡原则上不予追究刑事责任，但注意结合"缺席判决"的特殊情形。
	其他。	（1）只限"法律"，不包括其他规定。 （2）具体情形如正当防卫、不予追究刑事责任的未成年人、精神病人案件等。

遇有法定 情形时的 处理	基本原则：任何一个阶段遇有《刑事诉讼法》第16条的情形都作其否定性的处理： （1）立案阶段：直接作出不立案的决定。 （2）侦查阶段：作撤销案件处理。 （3）审查起诉阶段：作法定不起诉决定。 （4）庭前审查阶段：应当退回人民检察院。 （5）审理阶段：原则上裁定终止审理。

考点3　人民检察院依法对刑事诉讼进行法律监督

立案监督	（1）对应当立案而不立案的情形： 第一，说理由：经检察长批准，公安机关书面说明不立案的理由。公安机关应当在7日内说理由。 第二，通知立案。 （2）对不应当立案而立案的情形： 第一，说理由：经检察长批准，应当要求公安机关书面说明立案理由。 第二，通知撤销案件：理由不成立通知撤销案件。
审查批捕 过程中的 监督	（1）对侦查活动的监督。人民检察院在审查批准逮捕工作中，如果发现公安机关的侦查活动有违法情况，应当通知公安机关予以纠正，公安机关应当将纠正情况通知人民检察院。 （2）对提请批捕的监督。人民检察院办理审查逮捕案件，发现应当逮捕而公安机关未提请批准逮捕的犯罪嫌疑人的，应当建议公安机关提请批准逮捕。如果公安机关仍不提请批准逮捕或者不提请批准逮捕的理由不能成立的，人民检察院也可以直接作出逮捕决定，送达公安机关执行。
审查起诉 过程中的 监督	（1）对侦查活动的监督。人民检察院接到报案、控告、举报或者发现侦查人员以非法方法收集证据的，应当进行调查核实。对于确有以非法方法收集证据情形的，应当提出纠正意见；构成犯罪的，依法追究刑事责任。 （2）对移送起诉的监督。人民检察院在办理公安机关移送起诉的案件中，发现遗漏罪行或者依法应当移送审查起诉同案犯罪嫌疑人的，应当要求公安机关补充移送审查起诉；对于犯罪事实清楚，证据确实、充分的，人民检察院也可以直接提起公诉。

2024 国家统一法律职业资格考试记忆通：学科版·诉讼法

审判监督	（1）对法庭审理活动的监督。检察院认为法院审理案件过程中，有违反法律规定的诉讼程序的情况，在庭审后有权提出书面纠正意见。 （2）对一审裁判和生效裁判的监督。对法院确有错误的判决或者裁定提出抗诉，以提起第二审程序或者审判监督程序。 （3）对死刑复核程序的监督。在复核死刑案件过程中，最高人民检察院可以向最高人民法院提出意见。最高人民法院应当将死刑复核结果通报最高人民检察院。 （4）对特别程序的监督。
执行监督	（1）对刑罚执行活动的监督，比如：派员临场监督死刑立即执行案件的执行；对刑罚执行机关收押、监管、改造、释放罪犯的活动进行监督等。 （2）对执行过程中的刑罚变更（死刑缓期二年执行的变更、减刑、假释、监外执行）情况进行监督。

考点 4　认罪认罚从宽处理原则

适用阶段		认罪认罚从宽制度贯穿刑事诉讼全过程，适用于侦查、起诉、审判各个阶段。
适用案件范围		认罪认罚从宽制度没有适用罪名和可能判处刑罚的限定，所有刑事案件都可以适用，不能因罪轻、罪重或者罪名特殊等原因而剥夺犯罪嫌疑人、被告人自愿认罪认罚获得从宽处理的机会。但"可以"适用不是一律适用，犯罪嫌疑人、被告人认罪认罚后是否从宽，由司法机关根据案件具体情况决定。
基本含义	"认罪"的把握	认罪认罚从宽制度中的"认罪"，是指犯罪嫌疑人、被告人自愿如实供述自己的罪行，对指控的犯罪事实没有异议。承认指控的主要犯罪事实，仅对个别事实情节提出异议，或者虽然对行为性质提出辩解但表示接受司法机关认定意见的，不影响"认罪"的认定。犯罪嫌疑人、被告人犯数罪，仅如实供述其中一罪或部分罪名事实的，全案不作"认罪"的认定，不适用认罪认罚从宽制度，但对如实供述的部分，人民检察院可以提出从宽处罚的建议，人民法院可以从宽处罚。
	"认罚"的把握	认罪认罚从宽制度中的"认罚"，是指犯罪嫌疑人、被告人真诚悔罪，愿意接受处罚。"认罚"，在侦查阶段表现为表示愿意接受处罚；在审查起诉阶段表现为接受人民检察院拟作出的起诉或不起诉决定，认可人民检察院的量刑建议，签署认罪认罚具结书；在审判阶段表现为当庭确认自愿签署具结书，愿意接受刑罚处罚。

基本含义	"从宽"的理解	（1）"可以从宽"，是指一般应当体现法律规定和政策精神，予以从宽处理。但可以从宽不是一律从宽，对犯罪性质和危害后果特别严重、犯罪手段特别残忍、社会影响特别恶劣的犯罪嫌疑人、被告人，认罪认罚不足以从轻处罚的，依法不予从宽处罚。 （2）人民法院应当将被告人认罪认罚作为其是否具有社会危险性的重要考虑因素。被告人罪行较轻，采用非羁押性强制措施足以防止发生社会危险性的，应当依法适用非羁押性强制措施。 （3）对认罪认罚案件，人民法院一般应当对被告人从轻处罚；符合非监禁刑适用条件的，应当适用非监禁刑；具有法定减轻处罚情节的，可以减轻处罚。 （4）在刑罚评价上，主动认罪优于被动认罪，早认罪优于晚认罪，彻底认罪优于不彻底认罪，稳定认罪优于不稳定认罪。 （5）认罪认罚与自首、坦白不作重复评价。 （6）对罪行较轻、人身危险性较小的，特别是初犯、偶犯，从宽幅度可以大一些；罪行较重、人身危险性较大的，以及累犯、再犯，从宽幅度应当从严把握。
被害方异议	听取意见	办理认罪认罚案件，应当听取被害人及其诉讼代理人的意见，并将犯罪嫌疑人、被告人是否与被害方达成和解协议、调解协议或者赔偿被害方损失，取得被害方谅解，作为从宽处罚的重要考虑因素。人民检察院、公安机关听取意见情况应当记录在案并随案移送。
	被害方异议的处理	被害人及其诉讼代理人不同意对认罪认罚的犯罪嫌疑人、被告人从宽处理的，不影响认罪认罚从宽制度的适用。犯罪嫌疑人、被告人认罪认罚，但没有退赃退赔、赔偿损失，未能与被害方达成调解或者和解协议的，从宽时应当予以酌减。 犯罪嫌疑人、被告人自愿认罪并且愿意积极赔偿损失，但由于被害方赔偿请求明显不合理，未能达成调解或者和解协议的，一般不影响对犯罪嫌疑人、被告人从宽处理。
无需签订具结书的情形		犯罪嫌疑人认罪认罚，有下列情形之一的，不需要签署认罪认罚具结书： （1）犯罪嫌疑人是盲、聋、哑人，或者是尚未完全丧失辨认或者控制自己行为能力的精神病人的； （2）未成年犯罪嫌疑人的法定代理人、辩护人对未成年人认罪认罚有异议的； （3）其他不需要签署认罪认罚具结书的情形。

要点提炼

【专题练习】

1. 某市发生一起社会影响较大的绑架杀人案。在侦查阶段，因案情重大复杂，市检察院提前介入侦查工作。检察官在开展勘验、检查等侦查措施时在场，并就如何进一步收集、固定和完善证据以及适用法律向公安机关提出了意见，对已发现的侦查活动中的违法行为提出了纠正意见。关于检察院提前介入侦查，下列哪些选项是正确的？

A. 侵犯了公安机关的侦查权，违反了侦查权、检察权、审判权由专门机关依法行使的原则

B. 体现了分工负责，互相配合，互相制约的原则

C. 体现了检察院依法对刑事诉讼实行法律监督的原则

D. 有助于严格遵守法律程序原则的实现

2. "未经法院依法判决，对任何人都不得确定有罪"是《刑事诉讼法》确立的一项基本原则。关于这一原则，下列哪些说法是正确的？

A. 明确了定罪权的专属性，法院以外任何机关、团体和个人都无权行使这一权力

B. 确定被告人有罪需要严格依照法定程序进行

C. 表明我国刑事诉讼法已经全面认同和确立无罪推定原则

D. 按照该规定，可以得出疑罪从无的结论

【专题练习答案及详解】

1. BCD。《刑事诉讼法》第3条第1款规定，对刑事案件的侦查、拘留、执行逮捕、预审，由公安机关负责。检察、批准逮捕、检察机关直接受理案件的侦查、提起公诉，由人民检察院负责。审判由人民法院负责。除法律特别规定的以外，其他任何机关、团体和个人都无权行使这些权力。本题中，检察院提前介入侦查，是检察院法律监督权的体现，并未侵犯公安机关的侦查权，也未违反侦查权、检察权、审判权由专门机关依法行使的原则。故A项错误。《刑事诉讼法》第7条规定，人民法院、人民检察院和公安机关进行刑事诉讼，应当分工负责，互相配合，互相制约，以保证准确有效地执行法律。本题中检察院的做法体现这一原则。故B项正确。严格遵守法律程序原则要求，人民法院、人民检察院和公安机关在进行刑事诉讼活动时，必须严格遵守刑事诉讼法和其他有关法律的规定，不得违反法律规定的程序和规则，更不得侵害各方当事人和其他诉讼参与人的合法权益。本题中，检察院的做法有助于严格遵守法律程序原则的实现。故D项正确。《刑事诉讼法》第8条规定，人民检察院依法对刑事诉讼实行法律监督。人民检察院是国家的法律监督机关，在刑事诉讼活动中，有权对公安机关的立案侦查、法院的审判和执行机关的执行活动是否合法进行监督。这种监督贯穿于刑事诉讼活动的始终。本题中检察院提前介入侦查，是检察院对公安机关的侦查权的监督。故C项正确。

2. AB。"未经法院依法判决，对任何人都不得确定有罪"原则明确规定了确定被告人有罪的权力由人民法院统一行使，其他任何机关、团体和个人都无权行使。定罪权是刑事审判权的核心，人民法院作为我国唯一的审判机关，代表国家统一独立行使刑事审判权。人民法院判决被告人有罪，必须严格依照法定程序，在保障被告人享有充分的辩护权的基础上，依法组成审判庭进行公正、公开的审理。故AB项正确。题干所述原则在一定程度上吸收了无罪推定原则的精神。故C项错误。我国刑事诉讼法只是在审查起诉和第一审程序中体现了疑罪从无的精神，从题干所述原则中无法得出疑罪从无的结论。故D项错误。综上，本题答案为AB。

专题二　诉讼参与人

考点 5　诉讼参与人

分类	（1）当事人。当事人包括被害人、自诉人、犯罪嫌疑人、被告人、附带民事诉讼的原告人和被告人。 （2）其他诉讼参与人。其他诉讼参与人是指法定代理人、诉讼代理人、辩护人、证人、鉴定人和翻译人员。
当事人共有的诉讼权利	（1）语言文字使用权：有权使用本民族语言文字进行诉讼。 （2）控告权：对于侦查人员、检察人员、审判人员侵犯其诉讼权利或者对其人身进行侮辱的行为，有权提出控告。 （3）申请回避权：在具有法定理由时申请侦查人员、检察人员、审判人员或者书记员、鉴定人、翻译人员回避；对驳回申请回避的决定，有权申请复议一次。 （4）参加庭审权：有权参加法庭调查和法庭辩论，向证人发问并质证，辨认物证和其他证据，并就证据发表意见，申请通知新的证人到庭和调取新的物证，申请重新勘验或者鉴定，互相辩论等。 （5）申诉权：对已经发生法律效力的判决、裁定不服的，向人民法院或者人民检察院提出申诉。
被害人	被害人，是指在人民检察院代表国家提起公诉的刑事案件中，以个人身份参与诉讼，并与人民检察院共同行使控诉职能的人。理解这一概念时要注意，这里的被害人是狭义的，专指公诉案件中没有提起附带民事诉讼的被害人。在自诉案件中，被害人就是自诉人；在附带民事诉讼中，被害人就是附带民事诉讼的原告人。 被害人在刑事诉讼中除享有当事人共有的诉讼权利以外，还享有以下特殊的诉讼权利： （1）有权向公安机关、人民检察院或者人民法院报案或者控告； （2）对公安机关应当立案而不立案的，有权请求人民检察院进行立案监督； （3）自刑事案件移送审查起诉之日起，有权委托诉讼代理人；

	（4）对人民检察院作出的不起诉决定不服的，有权向上一级人民检察院提出申诉或向法院提起诉讼； （5）如有证据证明公安机关、人民检察院对于被告人侵犯其人身权利、财产权利的行为应当追究刑事责任而不予追究的，有权直接向人民法院起诉； （6）不服地方各级人民法院的第一审判决的，有权请求人民检察院抗诉。
自诉人	自诉人，是指在自诉案件中，以自己的名义直接向法院提起诉讼的被害人。 自诉人在刑事诉讼中除享有当事人共有的诉讼权利以外，还享有以下特殊的诉讼权利： （1）提起自诉权； （2）同被告人自行和解权； （3）撤诉权； （4）随时委托诉讼代理人的权利； （5）申请人民法院调查取证权； （6）上诉权； （7）申诉权。
犯罪嫌疑人、被告人	（1）犯罪嫌疑人和被告人在刑事诉讼中的共同诉讼权利是都有自行辩护的权利，但委托辩护的权利则略有不同，犯罪嫌疑人只有自被侦查机关第一次讯问或者被采取强制措施的时候，才有委托辩护权，被告人则从被起诉开始就享有辩护权；他们的另一共同权利是有权要求解除不当的强制措施或者变更强制措施。 （2）各自特殊的诉讼权利。 犯罪嫌疑人有下列特殊诉讼权利：①从被侦查机关第一次讯问或者被采取强制措施的时候，有权聘请律师担任辩护人；②对于侦查人员提出的与案件无关的问题，有权拒绝回答。 被告人有下列特殊诉讼权利：①有权在法庭审理中进行最后陈述；②自诉案件中的被告人有权提出反诉。
附带民事诉讼的当事人	包括附带民事诉讼的原告人和附带民事诉讼的被告人。 附带民事诉讼的原告人，是指在刑事诉讼过程中提起民事诉讼，要求被告人赔偿因其行为而导致的物质损失的诉讼参与人，其相对方则是附带民事诉讼的被告人。
单位当事人	（1）单位犯罪嫌疑人、被告人。在单位犯罪的情况下，单位可以独立成为犯罪嫌疑人、被告人，与作为自然人的直接负责主管人员和其他直接责任人员一起参与刑事诉讼。 （2）单位被害人。被害人一般指自然人，但单位也可以成为被害人。单位被害人参与刑事诉讼时，应当由其法定代表人作为代表参加刑事诉讼。法定代表人也可以委托诉讼代理人参加诉讼。

法定代理人	法定代理人，是指由法律规定的对被代理人负有专门保护义务并代其进行诉讼的人。《刑事诉讼法》第 108 条规定，法定代理人的范围包括被代理人的父母、养父母、监护人和负有保护责任的机关、团体的代表。法定代理人参加刑事诉讼是依据法律的规定，而非委托。因此，其具有独立的诉讼地位，可以根据自己的意思表示独立代行被代理人的诉讼权利，承担被代理人的诉讼义务，但是诉讼的后果仍然由被代理人承担。
诉讼代理人	诉讼代理人只能在被代理人授权范围内进行诉讼活动，不能超越代理范围，不能违背被代理人的意志。这点要与辩护人的独立性相区分，辩护人可以独立地进行辩护，不受被告人意志的约束。有权委托诉讼代理人的主体有： （1）公诉案件：被害人及其法定代理人、近亲属。 （2）自诉案件：自诉人及其法定代理人。 （3）附带民事诉讼：附带民事诉讼的原告人、被告人及其法定代理人。 （4）犯罪嫌疑人、被告人逃匿、死亡案件违法所得的没收程序：犯罪嫌疑人、被告人的近亲属和其他利害关系人。 （5）依法不负刑事责任的精神病人的强制医疗程序：被申请人或被告人。
证人	在刑事诉讼中，证人是指在诉讼外了解案件情况的当事人以外的人。 （1）证人的权利： ①有权用本民族语言文字进行诉讼。 ②有权查阅证言笔录，并在发现笔录的内容与作证的内容不符时要求予以补充或者修改。 ③对于公安司法机关工作人员侵犯其诉讼权利或者人身侮辱的行为，有权提出控告。 ④证人因履行作证义务而支出的交通、住宿、就餐等费用，有权要求补助，并且在单位的福利待遇不受克扣。证人作证的补助列入司法机关业务经费，由同级政府财政予以保障。 ⑤有权要求公安司法机关保证其本人以及其近亲属的安全，防止因作证而遭受不法侵害。 （2）证人的义务： ①如实提供证言，如果有意作伪证或者隐匿罪证，应当承担法律责任。 ②有义务回答公安、检察人员的询问。 ③出席法庭审判并接受控辩双方的询问和质证。 ④遵守法庭纪律，听从审判人员的指挥。 ⑤对公安司法人员询问的内容予以保密。

【专题练习】

要点提炼

1. 甲因积怨将乙打成重伤，致乙丧失劳动能力。本案中，哪些人有权为乙委托诉讼代理人？

A. 乙的母亲　　　　　　　　　B. 乙的祖父

C. 乙本人　　　　　　　　　　D. 乙的好友丙

2. 关于刑事诉讼当事人中的被害人的诉讼权利，下列哪些选项是正确的？

A. 撤回起诉、申请回避　　　　B. 委托诉讼代理人、提起自诉

C. 申请复议、提起上诉　　　　D. 申请抗诉、提出申诉

【专题练习答案及详解】

1. **AC。**《刑事诉讼法》第 46 条第 1 款规定："公诉案件的被害人及其法定代理人或者近亲属，附带民事诉讼的当事人及其法定代理人，自案件移送审查起诉之日起，有权委托诉讼代理人。自诉案件的自诉人及其法定代理人，附带民事诉讼的当事人及其法定代理人，有权随时委托诉讼代理人。"故 C 正确，D 错误。依据《刑事诉讼法》第 108 条第 6 项的规定，"近亲属"是指夫、妻、父、母、子、女、同胞兄弟姊妹。因此，乙的母亲是乙的近亲属，有权为乙委托诉讼代理人；乙的祖父不是乙的近亲属，无权为乙委托诉讼代理人。故 A 正确，B 错误。本题的正确答案为 AC。

2. **BD。**被害人在刑事诉讼中除享有诉讼参与人共有的诉讼权利以外，还享有以下诉讼权利：（1）申请复议权。对侵犯其合法权利的犯罪嫌疑人、被告人，有权向公安机关、人民检察院或者人民法院报案或者控告，要求公安司法机关依法追究、惩罚犯罪，保护其合法权利。控告人对公安机关不立案的决定不服的，可以申请复议。（2）申诉权。包括三种情况：一是对公安机关不立案的申诉。对公安机关应当立案而不立案的，有权向人民检察院提出，请求人民检察院责令公安机关向检察机关说明不立案的理由。人民检察院应当要求公安机关说明不立案的理由，人民检察院认为其理由不能成立的，应当通知公安机关立案，公安机关则必须立案。二是对检察机关不起诉决定的申诉。对人民检察院作出的不起诉决定不服的，有权向上一级人民检察院提出申诉。三是对生效裁判的申诉。不服地方各级人民法院的生效裁判的，有权提出申诉。（3）委托诉讼代理人的权利。自刑事案件移送审查起诉之日起，有权委托诉讼代理人。（4）自诉权。如有证据证明公安机关、人民检察院对于侵犯其人身权利、财产权利的行为应当追究刑事责任而不予追究的，有权直接向人民法院起诉。（5）申请抗诉权。不服地方各级人民法院的第一审判决的，有权请求人民检察院抗诉。本题中，A 的错误在于，公诉案件的被害人有申请回避的权利，但是没有撤回起诉的权利。C 的错误在于，被害人有申请复议的权利，但是，没有提起上诉的权利。BD 均正确。

专题三　管　　辖

考点 6　立案管辖

机关	立案管辖范围
监察机关	监察机关管辖的职务犯罪案件。
检察院	人民检察院直接立案侦查的案件： （1）司法工作人员利用职权实施的非法拘禁、刑讯逼供、非法搜查等侵犯公民权利、损害司法公正的犯罪。 （2）公安机关管辖的国家机关工作人员利用职权实施的重大犯罪案件，需要由人民检察院直接受理的，经省级以上人民检察院决定（应当层报省级人民检察院决定）。
国家安全机关	对危害国家安全的刑事案件，行使与公安机关相同的职权。
监狱	对罪犯在监狱内的犯罪进行侦查。
军队保卫部门	对军人违反职责的犯罪和军队内部发生的刑事案件行使侦查权。
海警部门	中国海警局履行海上维权执法职责，对海上发生的刑事案件行使侦查权。海警部门管辖海（岛屿）岸线以外我国管辖海域内发生的刑事案件（对于发生在沿海港岙口、滩涂、台轮停泊点等区域的，由公安机关管辖）。
法院	人民法院直接受理的自诉案件包括： （1）告诉才处理的案件：侮辱、诽谤案（属于严重危害社会秩序和国家利益的除外）；暴力干涉婚姻自由案；虐待案（但被害人没有能力告诉或者因受到强制、威吓无法告诉的除外）；侵占案。 （2）人民检察院没有提起公诉，被害人有证据证明的轻微刑事案件：故意伤害案；非法侵入他人住宅案；侵犯通信自由案；重婚案；遗弃案；生产、销售伪劣商品案（属于严重危害社会秩序和国家利益的除外）；侵犯知识产权案（属于严重危害社会秩序和国家利益的除外）；属于刑法分则第4章、第5章规定的，可能判处3年有期徒刑以下刑罚的案件。

法院	**特别提示**：对上列八项案件，被害人直接向人民法院起诉的，人民法院应当依法受理。对于其中证据不足，可由公安机关受理的，或者认为对被告人可能判处 3 年有期徒刑以上刑罚的，应当移送公安机关立案侦查。 （3）被害人有证据证明对被告人侵犯自己人身、财产权利的行为应当依法追究刑事责任，而公安机关或者人民检察院已经作出不予追究的书面决定的案件。
公安机关	除上述各项所列明的犯罪外，其余案件均由公安机关立案侦查。

★对于交叉管辖问题，要分清主罪和次罪（刑罚较重的为重罪）后再确定管辖。原则上是各自管辖、重罪为主。

考点 7　级别管辖

	管辖范围
基层法院	基层人民法院管辖第一审普通刑事案件，但依刑事诉讼法由上级人民法院管辖的除外。
中级法院	（1）危害国家安全、恐怖活动案件； （2）可能判处无期徒刑、死刑的案件。
高级法院	全省（自治区、直辖市）性重大刑事案件。
最高法院	全国性重大刑事案件。

★级别管辖主要存在以下特殊情形，应当区分掌握：

（1）一人犯数罪、共同犯罪和其他需要并案审理的案件，只要其中一人或者一罪属于上级人民法院管辖的，全案由上级人民法院管辖。

（2）有管辖权的人民法院因案件涉及本院院长需要回避或者其他原因，不宜行使管辖权的，可以请求移送上一级人民法院管辖。上一级人民法院可以管辖，也可以指定与提出请求的人民法院同级的其他人民法院管辖。在刑事诉讼中，上级法院不得将应由自己管辖的案件交给下级人民法院审理，而在民事诉讼中却可以。

（3）检察院认为可能判处无期徒刑、死刑而向中级法院提起公诉的案件，中院受理后，认为不需要判处无期徒刑、死刑的，应当依法受理，不再交基层法院审理。

（4）外国人犯罪的案件和针对外国人的犯罪不一定由中级人民法院管辖。

考点 8　指定管辖

指定管辖	对于下列案件，上级人民检察院可以指定管辖： （1）管辖有争议的案件； （2）需要改变管辖的案件； （3）需要集中管辖的特定类型的案件； （4）其他需要指定管辖的案件。 管辖不明的案件，上级人民法院可以指定下级人民法院审判。有关案件，由犯罪地、被告人居住地以外的人民法院审判更为适宜的，上级人民法院可以指定下级人民法院管辖。
协商一致	对前述案件的审查起诉指定管辖的，人民检察院应当与相应的人民法院协商一致。对前述第（3）项案件的审查逮捕指定管辖的，人民检察院应当与相应的公安机关协商一致。

考点 9　几种特殊刑事案件的管辖

外国人在境外对中国国家或公民的犯罪	外国人登陆地、入境地、入境后居住地或者被害中国公民离境前居住地或者现居住地人民法院管辖。
我国依国际公约行使普遍管辖权的案件	犯罪人被抓获地、登陆地或者入境地的人民法院管辖。
域外中国船舶内的犯罪	该船舶最初停泊的中国口岸所在地或者被告人登陆地、入境地的法院管辖。
域外中国航空器内的犯罪	该航空器在中国最初降落地的法院管辖。
国际列车上的犯罪	根据我国与相关国家签订的协定确定管辖；没有协定的，由该列车始发或者前方停靠的中国车站所在地负责审判铁路运输刑事案件的法院管辖。
中国公民在驻外使领馆中的犯罪	该公民所属主管单位所在地或者其原户籍地法院管辖。
中国公民在境外的犯罪	该公民登陆地、入境地、离境前居住地或者现居住地法院管辖；被害人是中国公民的，也可由被害人离境前居住地或者现居住地法院管辖。

续表

正在服刑的罪犯	发现其之前所犯漏罪——原审地法院管辖；由服刑地或者犯罪地法院审判更适宜的，可以由服刑地法院或者犯罪地法院管辖。
	在服刑期间犯新罪——服刑地法院管辖。
	在脱逃期间犯新罪，由服刑地法院管辖，但是在犯罪地被抓获并发现该新罪，由犯罪地法院管辖。
在中华人民共和国内水、领海发生的刑事案件	由犯罪地或者被告人登陆地的人民法院管辖；由被告人居住地的人民法院审判更为适宜的，可以由被告人居住地的人民法院管辖。
在列车上的犯罪	（1）被告人在列车运行途中被抓获的，由前方停靠站所在地负责审判铁路运输刑事案件的人民法院管辖。必要时，也可以由始发站或者终点站所在地负责审判铁路运输刑事案件的人民法院管辖。 （2）被告人不是在列车运行途中被抓获的，由负责该列车乘务的铁路公安机关对应的审判铁路运输刑事案件的人民法院管辖；被告人在列车运行途经车站被抓获的，也可以由该车站所在地负责审判铁路运输刑事案件的人民法院管辖。

考点 10　并案审理

主要情形	（1）人民法院发现被告人还有其他犯罪被起诉的，可以并案审理；涉及同种犯罪的，一般应当并案审理。 （2）人民法院发现被告人还有其他犯罪被审查起诉、立案侦查、立案调查的，可以参照前述规定协商人民检察院、公安机关、监察机关并案处理，但可能造成审判过分迟延的除外。 （3）第二审人民法院在审理过程中，发现被告人还有其他犯罪没有判决的，参照前述规定处理。第二审人民法院决定并案审理的，应当发回第一审人民法院，由第一审人民法院作出处理。
管辖	由最初受理地的人民法院审判；必要时，可以由主要犯罪地的人民法院审判。

【专题练习】

要点提炼

1. 甲、乙（户籍地均为 M 省 A 市）共同运营一条登记注册于 A 市的远洋渔船。某次在公海捕鱼时，甲乙二人共谋杀害了与他们素有嫌隙的水手丙。该船回国后首泊于 M 省 B 市港口以作休整，然后再航行至 A 市。从 B 市起航后，在途经 M 省 C 市航行至 A 市过程中，甲因害怕乙投案自首一直将乙捆绑拘禁于船舱。该船于 A 市靠岸后案发。关于本案管辖，下列选项正确的是：

A. 故意杀人案和非法拘禁案应分别由中级法院和基层法院审理

B. A 市和 C 市对非法拘禁案有管辖权

C. B 市中级法院对故意杀人案有管辖权

D. A 市中级法院对故意杀人案有管辖权

2. 某县破获一抢劫团伙，涉嫌多次入户抢劫，该县法院审理后认为，该团伙中只有主犯赵某可能被判处无期徒刑。关于该案的移送管辖，下列哪些选项是正确的？

A. 应当将赵某移送中级法院审理，其余被告人继续在县法院审理

B. 团伙中的未成年被告人应当一并移送中级法院审理

C. 中级法院审查后认为赵某不可能被判处无期徒刑，可不同意移送

D. 中级法院同意移送的，应当书面通知其同级检察院

【专题练习答案及详解】

1. BC。《最高人民法院关于适用〈中华人民共和国刑事诉讼法〉的解释》（本书以下简称《刑诉解释》）第 15 条规定："一人犯数罪、共同犯罪或者其他需要并案审理的案件，其中一人或者一罪属于上级人民法院管辖的，全案由上级人民法院管辖。"A 项中故意杀人案和非法拘禁案均由中级法院审理，该项错误。《刑事诉讼法》第 25 条规定，刑事案件由犯罪地的人民法院管辖。如果由被告人居住地的人民法院审判更为适宜的，可以由被告人居住地的人民法院管辖。非法拘禁属于持续犯，其所经过的地方均是犯罪地，因此，B 项正确。《刑诉解释》第 7 条规定："在中华人民共和国领域外的中国船舶内的犯罪，由该船舶最初停泊的中国口岸所在地或者被告人登陆地、入境地的人民法院管辖。"故 C 项正确，D 项错误。

2. CD。《刑诉解释》第 17 条第 1 款规定："基层人民法院对可能判处无期徒刑、死刑的第一审刑事案件，应当移送中级人民法院审判。"《刑诉解释》第 15 条规定："一人犯数罪、共同犯罪或者其他需要并案审理的案件，其中一人或者一罪属于上级人民法院管辖的，全案由上级人民法院管辖。"但是，本题题干是未成年人和成年人共同犯罪。《刑诉解释》第 551 条第 1 款规定："对分案起诉至同一人民法院的未成年人与成年人共同犯罪案件，可以由同一个审判组织审理；不宜由同一个审判组织审理的，可以分别审理。"所以，可以将赵某移送中级法院审理，其余被告人继续在县法院审理，也可以将全案一并移送中级法院审理。故 AB 两项的错误在于，不是"应当"，而是"可以"。《刑诉解释》第 17 条第 3 款规定："需要将案件移送中级人民法院审判的，应当在报请院长决定后，至迟于案件审理期限届满十五日以前书面请求移送。中级人民法院应当在接到申请后十日以内作出决定。不同意移送的，应当下达不同意移送决定书，由请求移送的人民法院依法审判；同意移送的，应当下达同意移送决定书，并书面通知同级人民检察院。"故 CD 项正确。本题的正确答案为 CD 项。

专题四　回　　避

考点 11　回避的适用人员

审判人员	检察人员	侦查人员	其他
审判人员指各级人民法院院长、副院长、审判委员会委员、庭长、副庭长、审判员、助理审判员、法官助理和人民陪审员。	检察人员包括检察长、副检察长、检察委员会委员、检察员和助理检察员。	包括具体侦查人员和对具体案件的侦查有权参与讨论和作出决定的负责人。	参与侦查、起诉、审判活动的书记员、翻译人员、鉴定人、其他参与刑事诉讼的有专门知识的人。

(1) 证人具有不可替代性，不适用回避的规定，证人即使是本案当事人的近亲属，也可以作证。

(2) 辩护人及诉讼代理人也不适用回避制度，因为其与委托人之间本来就存在利益关系。

(3) 书记员、翻译人员、鉴定人这三种人在三个阶段都会存在，一定要分清其是哪一个阶段参与的，判断出是哪个机关指派或者聘请。

(4) 《人民检察院刑事诉讼规则》（本书以下简称《高检规则》）第 37 条第 1 款规定："本规则关于回避的规定，适用于书记员、司法警察和人民检察院聘请或者指派的翻译人员、鉴定人。"可见，在检察系统明确司法警察适用回避制度。

考点 12　回避的具体程序及审查

回避的申请	申请回避主体：当事人及其法定代理人、辩护人、诉讼代理人。
	方式：既可以以书面方式提出，也可以以口头方式提出。

回避的审查与决定	（1）审判人员、检察人员、侦查人员的回避，应当分别由院长、检察长、县级以上公安机关负责人决定。 （2）院长回避由审判委员会讨论决定。审判委员会讨论时，由副院长主持，院长不得参加。 （3）检察长和公安机关负责人的回避由同级检察院检委会决定。 （4）书记员、翻译人员和鉴定人的回避，一般应当按照诉讼进行的阶段和所属机关，分别由公安机关负责人、检察长或法院院长决定。 （5）庭审中申请出庭的检察人员回避：①有正当理由的，法院应当决定休庭，并通知人民检察院尽快作出决定。②无正当理由的，应当当庭驳回，并不得申请复议。
回避的法律后果	（1）检察人员、审判人员应当暂时停止执行职务，等候审查决定。侦查人员一般不停止对案件的侦查工作。 （2）取得证据及进行的诉讼行为是否有效——由决定其回避的主体决定。①公安机关普通的侦查人员进行的由公安机关负责人决定；公安机关负责人进行的由检察院检委会决定。②检察院普通人员由检察长决定；检察长由检委会决定。

考点 13　回避决定的复议

对公安机关驳回回避申请的复议	当事人及其法定代理人可以在收到驳回申请回避决定书后 5 日以内向作出决定的机关申请复议。公安机关应当在收到复议申请后 5 日以内作出复议决定并书面通知申请人。
对检察机关驳回回避申请的复议	（1）人民检察院作出驳回申请回避的决定后，应当告知当事人及其法定代理人如不服本决定，有权在收到驳回申请回避的决定书后 5 日以内向原决定机关申请复议一次。 （2）当事人及其法定代理人对驳回申请回避的决定不服申请复议的，决定机关应当在 3 日内作出复议决定并书面通知申请人。
对法院驳回回避申请的复议	被驳回回避申请的当事人及其法定代理人、辩护人、诉讼代理人对决定有异议的，可以在接到决定时申请复议一次。
无复议权的规定	（1）被决定回避的主体无复议权。 （2）不属于《刑事诉讼法》第 29 条、第 30 条规定情形的回避申请，由法庭当庭驳回，并不得申请复议。即无因回避不得申请复议。

【专题练习】

要点提炼

1. 未成年人小付涉嫌故意伤害袁某，袁某向法院提起自诉。小付的父亲委托律师黄某担任辩护人，袁某委托其在法学院上学的儿子担任诉讼代理人。本案中，下列哪些人有权要求审判人员回避？

A. 黄某　　　　　　　　　　　　B. 袁某

C. 袁某的儿子　　　　　　　　　D. 小付的父亲

2. 林某盗版销售著名作家黄某的小说涉嫌侵犯著作权罪，经一审和二审后，二审法院裁定撤销原判，发回原审法院重新审判。关于该案的回避，下列哪些选项是正确的？

A. 一审法院审判委员会委员甲系林某辩护人妻子的弟弟，黄某的代理律师可申请其回避

B. 一审书记员乙系林某的表弟而未回避，二审法院可以此为由裁定发回原审法院重审

C. 一审合议庭审判长丙系黄某的忠实读者，应当回避

D. 丁系二审合议庭成员，如果林某对一审法院重新审判作出的裁判不服再次上诉至二审法院，丁应当自行回避

【专题练习答案及详解】

1. **ABCD**。《刑事诉讼法》第 29 条规定，审判人员、检察人员、侦查人员有下列情形之一的，应当自行回避，当事人及其法定代理人也有权要求他们回避：（1）是本案的当事人或者是当事人的近亲属的；（2）本人或者他的近亲属和本案有利害关系的；（3）担任过本案的证人、鉴定人、辩护人、诉讼代理人的；（4）与本案当事人有其他关系，可能影响公正处理案件的。《刑事诉讼法》第 32 条规定，本章关于回避的规定适用于书记员、翻译人员和鉴定人。辩护人、诉讼代理人可以依照本章的规定要求回避、申请复议。本题中，黄某是辩护人，袁某是自诉人（属于当事人之一），袁某的儿子是诉讼代理人，小付的父亲是被告人的法定代理人，这四个人均有权申请回避。故本题的正确答案为 ABCD 四项。

2. **AB**。《刑诉解释》第 27 条规定："审判人员具有下列情形之一的，应当自行回避，当事人及其法定代理人有权申请其回避：（一）是本案的当事人或者是当事人的近亲属的；（二）本人或者其近亲属与本案有利害关系的；（三）担任过本案的证人、鉴定人、辩护人、诉讼代理人、翻译人员的；（四）与本案的辩护人、诉讼代理人有近亲属关系的；（五）与本案当事人有其他利害关系，可能影响公正审判的。"《最高人民法院关于审判人员在诉讼活动中执行回避制度若干问题的规定》第 1 条规定，审判人员具有下列情形之一的，应当自行回避，当事人及其法定代理人有权以口头或者书面形式申请其回避：（1）是本案的当事人或者与当事人有近亲属关系的；（2）本人或者其近亲属与本案有利害关系的；（3）担任过本案的证人、翻译人员、鉴定人、勘验人、诉讼代理人、辩护人的；（4）与本案的诉讼代理人、辩护人有夫妻、父母、子女或者兄弟姐妹关系的；（5）与本案当事人之间存在其他利害关系，可能影响案件公正审理的。本规定所称近亲属，包括与审判人员有夫妻、直系血亲、三代以内旁系血亲及近姻亲关系的亲属。通过这两个规定可以发现，A 属于"与本案的辩护人、诉讼代理人有近亲属关系的"情形，故 A 项正确。C 项中审判长丙尽管与当事人黄某有其他利害关系，但是没有达到可能影响公正审判的程度，故 C 项错误。B 项中"一审书记员乙系林某的表弟"属于法定回避理由，乙应当回避，但是其没有回避，《刑事诉讼法》第 238 条规定，第二审人民法院发现第一审人民法院的审理有下列违反法律规定的诉讼程序的情形之一的，应当裁定撤销原判，发回原审人民法院重新审判：（1）违反本法有关公开审判的规定的；（2）违反回避制度的；（3）剥夺或者限制了当事人的法定诉讼权利，可能影响公正审判的；（4）审判组织的组成不合法的；（5）其他违反法律规定的诉讼程序，可能影响公正审判的。所以，二审法院可以此为由裁定发回原审法院重审。故 B 项正确。《刑诉解释》第 29 条规定："参与过本案调查、侦查、审查起诉工作的监察、侦查、检察人员，调至人民法院工作的，不得担任本案的审判人员。在一个审判程序中参与过本案审判工作的合议庭组成人员或者独任审判员，不得再参与本案其他程序的审判。但是，发回重新审判的案件，在第一审人民法院作出裁判后又进入第二审程序、在法定刑以下判处刑罚的复核程序或者死刑复核程序的，原第二审程序、在法定刑以下判处刑罚的复核程序或者死刑复核程序中的合议庭组成人员不受本款规定的限制。"故 D 项错误。本题的正确答案为 AB 两项。

专题五　辩护与代理

考点 14　辩护

辩护人的诉讼权利	（1）独立辩护权。辩护人根据自己对事实和法律的理解，独立进行辩护，其他任何机关、团体或个人，都无权干涉。 （2）阅卷权。辩护律师自人民检察院对案件审查起诉之日起，可以查阅、摘抄、复制本案的案卷材料。其他辩护人经人民法院、人民检察院许可，也可以查阅、摘抄、复制上述材料。 （3）会见通信权。辩护律师可以同在押的犯罪嫌疑人、被告人会见和通信。其他辩护人经人民法院、人民检察院许可，也可以同在押的犯罪嫌疑人、被告人会见和通信。危害国家安全犯罪、恐怖活动犯罪案件，在侦查期间辩护律师会见在押的犯罪嫌疑人，应当经侦查机关许可。上述案件，侦查机关应当事先通知看守所。 （4）调查取证权。①辩护人认为在侦查、审查起诉期间公安机关、人民检察院收集的证明犯罪嫌疑人、被告人无罪或者罪轻的证据材料未随案移送的，可以申请人民法院调取，申请调取的，应当以书面形式提出，并提供相关线索或者材料。②辩护律师经证人或者其他有关单位和个人同意，可以向他们收集与本案有关的材料，也可以申请人民检察院、人民法院收集、调取证据，或者申请人民法院通知证人出庭作证。③辩护律师经人民检察院或者人民法院许可，并且经被害人或者其近亲属、被害人提供的证人同意，可以向他们收集与本案有关的材料。 （5）申请解除期限届满的强制措施的权利。犯罪嫌疑人、被告人及其法定代理人、近亲属或者辩护人对于人民法院、人民检察院或者公安机关采取强制措施期限届满的，有权要求解除强制措施。 （6）获得通知权。获得通知权是指辩护人在办案机关进行相应诉讼活动时有接获相应通知的权利。 （7）参加法庭调查和辩论权。在法庭调查阶段，辩护人在公诉人讯问被告人后经审判长许可，可以向被告人发问；经审判长许可，可以对证人、鉴定人发问；法庭审理中，辩护人有权申请通知新的证人到庭，调取新的物证，重新鉴定或者勘验。在法庭辩论阶段，辩护人可以对证据和案件情况发表意见并且可以和控方展开辩论。律师担任辩护人的，经人民法院准许，可以带1名律师助理参加庭审。律师助理参加庭审的，可以从事辅助工作，但不得发表辩护意见。

辩护人的诉讼权利	（8）提出意见权。①人民检察院审查批准逮捕，可以听取辩护律师的意见；辩护律师提出要求的，应当听取辩护律师的意见。②对未成年人审查批捕，应当听取辩护律师意见。③在案件侦查终结前，辩护律师提出要求的，侦查机关应当听取辩护律师的意见，并记录在案。④人民检察院审查案件，应当讯问犯罪嫌疑人，听取辩护人或者值班律师、被害人及其诉讼代理人的意见，并记录在案。⑤最高人民法院复核死刑案件，应当讯问被告人，辩护律师提出要求的，应当听取辩护律师的意见。 （9）申诉控告权。辩护人、诉讼代理人认为公安机关、人民检察院、人民法院及其工作人员阻碍其依法行使诉讼权利的，有权向同级或者上一级人民检察院申诉或者控告。 （10）人身保障权。律师在法庭上发表的代理、辩护意见不受法律追究。但是，发表危害国家安全、恶意诽谤他人、严重扰乱法庭秩序的言论除外。侦查机关依法对在诉讼活动中涉嫌犯罪的律师采取强制措施后，应当在48小时以内通知其所在的律师事务所或者所属的律师协会。 （11）保密权。辩护律师对于在执业活动中知悉的委托人的有关情况和信息，有权予以保密。 （12）拒绝辩护权。如果遇有当事人委托事项违法或者委托人利用律师提供的服务从事违法活动或者委托人隐瞒事实的情形，律师有权拒绝辩护。
辩护人的诉讼义务	（1）辩护律师和其他辩护人不得帮助犯罪嫌疑人、被告人隐匿、毁灭、伪造证据或者串供，不得威胁、引诱证人作伪证及进行其他干扰司法机关诉讼活动的行为。 （2）辩护人接受委托后，应当及时告知办理案件的机关其接受委托的情况。 （3）辩护人收集的有关犯罪嫌疑人不在犯罪现场、未达到刑事责任年龄、属于不负刑事责任的精神病人的证据，应当及时告知公安机关、人民检察院。 （4）辩护律师对在执业活动中知悉的委托人或者其他人，准备或正在实施危害国家安全、公共安全以及严重危害他人人身安全的犯罪的，应当及时告知公安司法机关，但公安司法机关应当为辩护律师保密。 （5）会见在押犯罪嫌疑人、被告人时，应当遵守看管场所的规定。 （6）参加法庭审判时要遵守法庭秩序。 （7）未经人民检察院或者人民法院许可，不得向被害人或被害人提供的证人收集与本案有关的材料。 （8）不得违反规定会见或者贿赂法官、检察官以及其他有关工作人员。

考点 15　值班律师法律帮助

派驻律师	（1）值班律师并非辩护人；是国家为被追诉者提供的具有最低限度的帮助；主要由法律援助机构负责派驻。 （2）法律援助机构可以在人民法院、看守所等场所派驻值班律师。
具体提供内容及程序	（1）犯罪嫌疑人、被告人没有委托辩护人，法律援助机构没有指派律师为其提供辩护的，由值班律师为犯罪嫌疑人、被告人提供法律帮助。 （2）具体帮助内容：①提供法律咨询。②程序选择建议。③申请变更强制措施。④对案件的处理提出意见。⑤认罪认罚从宽案件中，值班律师应当对涉嫌的犯罪事实、罪名及适用的法律规定，从轻、减轻或者免除处罚等从宽处罚的建议，认罪认罚后案件审理适用的程序以及其他相关事项向人民检察院提出意见。⑥对犯罪嫌疑人、被告人提出的刑讯逼供、非法取证可以代理申诉、控告。 （3）公权力机关有告知义务：人民法院、人民检察院、看守所应当告知犯罪嫌疑人、被告人有权约见值班律师，并为犯罪嫌疑人、被告人约见值班律师提供便利。 （4）值班律师应当为认罪认罚的犯罪嫌疑人、被告人提供下列法律帮助：①提供法律咨询，包括告知涉嫌或指控的罪名、相关法律规定，认罪认罚的性质和法律后果等。②提出程序适用的建议。③帮助申请变更强制措施。④对人民检察院认定罪名、量刑建议提出意见。⑤就案件处理，向人民法院、人民检察院、公安机关提出意见。⑥引导、帮助犯罪嫌疑人、被告人及其近亲属申请法律援助。⑦法律法规规定的其他事项。⑧可以会见：值班律师可以会见犯罪嫌疑人、被告人，看守所应当为值班律师会见提供便利。危害国家安全犯罪、恐怖活动犯罪案件，侦查期间值班律师会见在押犯罪嫌疑人的，应当经侦查机关许可。⑨可以阅卷：自人民检察院对案件审查起诉之日起，值班律师可以查阅案卷材料、了解案情。值班律师提供法律咨询、查阅案卷材料、会见犯罪嫌疑人或者被告人、提出书面意见等法律帮助活动的相关情况应当记录在案，并随案移送。 （5）值班律师可衔接不同阶段：在不同诉讼阶段，可以由派驻看守所的同一值班律师提供法律帮助。

考点 16　诉讼代理人的范围和权利

范围	委托1至2人作为诉讼代理人：律师；人民团体或者被代理人所在单位推荐的人；被代理人的监护人、亲友。不能担任辩护人的人，也不能被委托为诉讼代理人。

权利	根据《刑事诉讼法》和《刑诉解释》的相关规定，诉讼代理人享有以下权利： （1）阅卷权：律师担任诉讼代理人的，可以查阅、摘抄、复制案卷材料。其他诉讼代理人经人民法院许可，也可以查阅、摘抄、复制案卷材料。 （2）调查取证权：律师担任诉讼代理人，需要收集、调取与本案有关的证据材料的，参照适用辩护人的规定。 （3）申诉、控告权：诉讼代理人认为公安机关、人民检察院、人民法院及其工作人员阻碍其依法行使诉讼权利的，有权向同级或者上一级人民检察院申诉或者控告。

【专题练习】

1. 郭某涉嫌参加恐怖组织罪被逮捕，随后委托律师姜某担任辩护人。关于姜某履行辩护职责，下列哪一选项是正确的？

A. 姜某到看守所会见郭某时，可带 1～2 名律师助理协助会见

B. 看守所可对姜某与郭某的往来信件进行必要的检查，但不得截留、复制

C. 姜某申请法院收集、调取证据而法院不同意的，法院应书面说明不同意的理由

D. 法庭审理中姜某作无罪辩护的，也可当庭对郭某从轻量刑的问题发表辩护意见

2. 根据《刑事诉讼法》的规定，辩护律师收集到的下列哪一证据应及时告知公安机关、检察院？

A. 强奸案中被害人系精神病人的证据

B. 故意伤害案中犯罪嫌疑人系正当防卫的证据

C. 投放危险物质案中犯罪嫌疑人案发时在外地出差的证据

D. 制造毒品案中犯罪嫌疑人犯罪时刚满 16 周岁的证据

【专题练习答案及详解】

1. D。《关于依法保障律师执业权利的规定》第 7 条第 4 款规定，辩护律师可以带 1 名律师助理协助会见。故 A 项错误。《关于依法保障律师执业权利的规定》第 13 条规定，看守所应当及时传递辩护律师同犯罪嫌疑人、被告人的往来信件。看守所可以对信件进行必要的检查，但不得截留、复制、删改信件，不得向办案机关提供信件内容，但信件内容涉及危害国家安全、公共安全、严重危害他人人身安全以及涉嫌串供、毁灭证据等情形的除外。故 B 项表述有例外，该项错误。《关于依法保障律师执业权利的规定》第 18 条规定，辩护律师申请人民检察院、人民法院收集、调取证据的，人民检察院、人民法院应当在 3 日以内作出是否同意的决定，并通知辩护律师。辩护律师书面提出有关申请时，办案机关不同意的，应当书面说明理由；辩护律师口头提出申请的，办案机关可以口头答复。故 C 项错误。《关于依法保障律师执业权利的规定》第 35 条规定，辩护律师作无罪辩护的，可以当庭就量刑问题发表辩护意见，也可以庭后提交量刑辩护意见。故 D 项正确。

2. C。《刑事诉讼法》第 42 条规定，辩护人收集的有关犯罪嫌疑人不在犯罪现场、未达到刑事责任年龄、属于依法不负刑事责任的精神病人的证据，应当及时告知公安机关、人民检察院。故 C 项正确。A 项错误在于，应当告知的内容不是被害人而是犯罪嫌疑人属于依法不负刑事责任的精神病人的证据。B 项不需要告知。D 项错误在于，该项不属于未达到刑事责任年龄的证据。

专题六　刑事证据

考点 17　物证、书证

物证	特点	（1）物证是以其外部特征、物品属性、存在状况等来发挥证明作用的，因此，物证具有较强的客观性、稳定性。 （2）物证所包含的信息内容通常只能反映案件中的某些片段或个别情节，因此，通常只能作为间接证据。
	收集程序	（1）据以定案的物证应当是原物。原物不便搬运、不易保存、依法应当返还或者依法应当由有关部门保管、处理的，可以拍摄、制作足以反映原物外形和特征的照片、录像、复制品。必要时，审判人员可以前往保管场所查看原物。 （2）物证的照片、录像、复制品的审查：①不能反映原物的外形和特征的，不得作为定案的根据。②物证的照片、录像、复制品，经与原物核对无误、经鉴定或者其他方式确认真实的，可以作为定案的根据。 （3）案件中的物证能附卷的都应当附卷保存。移送案件时，应将物证随同案卷一并移送。
书证	概念	书证是指以记载的内容和反映的思想来证明案件真实情况的书面材料或其他物质材料。书证的表现形式和制作方法多种多样，不限于"书写的文字材料"。书证都有明确的意思表示，一经收集并查证属实，就可以比较直观地证明案件中的一定事实，因而具有较强的证明力。
	特点	（1）书证必须以一定的物质材料为载体，属于实物证据范围，客观性较强。 （2）该项材料所记载的内容或者所表达的思想，必须与待证明的案件事实有关联，能够被用来证明案件事实。 （3）并非一切记载有思想内容的文字材料都是书证。
	收集程序	书证的收集程序与物证基本相同。 公安司法人员收集、调取的书证应当是原件。只有在取得原件确有困难时，才可以使用副本或者复制件。书证的副本、复制件，真实性能确认的，可以作为证据使用。如有更改不能作出合理解释的，不能作为证据使用。

物证书证的审查认定	不能作为定案根据的情形	在勘验、检查、搜查过程中提取、扣押的物证、书证，未附笔录或者清单，不能证明物证、书证来源的，不得作为定案的根据。
	可经过合理补正的情形	收集物证、书证不符合法定程序，可能严重影响司法公正的，应当予以补正或者作出合理解释；不能补正或者作出合理解释的，对该证据应当予以排除。
		物证、书证的收集程序、方式有下列瑕疵，经补正或者作出合理解释的，可以采用： （1）勘验、检查、搜查、提取笔录或者扣押清单上没有侦查人员、物品持有人、见证人签名，或者对物品的名称、特征、数量、质量等注明不详的； （2）物证的照片、录像、复制品，书证的副本、复制件未注明与原件核对无异，无复制时间，或者无被收集、调取人签名、盖章的； （3）物证的照片、录像、复制品，书证的副本、复制件没有制作人关于制作过程和原物、原件存放地点的说明，或者说明中无签名的； （4）有其他瑕疵的。对物证、书证的来源、收集程序有疑问，不能作出合理解释的，该物证、书证不得作为定案的根据。
		关键物证应提未提应检未检可补正合理解释。对与案件事实可能有关联的血迹、体液、毛发、人体组织、指纹、足迹、字迹等生物样本、痕迹和物品，应当提取而没有提取，应当鉴定而没有鉴定，应当移送鉴定意见而没有移送，导致案件事实存疑的，人民法院应当通知人民检察院依法补充收集、调取、移送证据。

考点 18　证人证言

证人的资格	生理上、精神上有缺陷或者年幼，不能辨别是非、不能正确表达的人，不能作证人。处于明显醉酒、中毒或者麻醉等状态，不能正常感知或者正确表达的证人所提供的证言，不得作为证据使用。

证人出庭作证义务	应当出庭作证条件	（1）公诉人、当事人或者辩护人、诉讼代理人对证人证言有异议。 （2）且该证人证言对案件定罪量刑有重大影响。 （3）人民法院认为证人有必要出庭作证的。
	强制出庭	经人民法院通知，证人没有正当理由不出庭作证的，人民法院可以强制其到庭，但是被告人的配偶、父母、子女除外。 证人没有正当理由拒绝出庭或者出庭后拒绝作证的，予以训诫，情节严重的，经院长批准，处以 10 日以下的拘留。被处罚人对拘留决定不服的，可以向上一级人民法院申请复议。复议期间不停止执行。
证人保护		对于危害国家安全犯罪、恐怖活动犯罪、黑社会性质的组织犯罪、毒品犯罪等案件，证人、鉴定人、被害人因在诉讼中作证，本人或者其近亲属的人身安全面临危险的，人民法院、人民检察院和公安机关应当采取以下一项或者多项保护措施： （1）不公开真实姓名、住址和工作单位等个人信息。 （2）采取不暴露外貌、真实声音等出庭作证措施。 （3）禁止特定的人员接触证人、鉴定人、被害人及其近亲属。 （4）对人身和住宅采取专门性保护措施。 （5）其他必要的保护措施。
证人证言的审查与认定	不得作为定案的根据的情形	（1）询问证人没有个别进行的。 （2）书面证言没有经证人核对确认的。 （3）询问聋、哑人，应当提供通晓聋、哑手势的人员而未提供的。 （4）询问不通晓当地通用语言、文字的证人，应当提供翻译人员而未提供的。
	可经过补正的情形	证人证言的收集程序、方式有下列瑕疵，经补正或者作出合理解释的，可以采用；不能补正或者作出合理解释的，不得作为定案的根据： （1）询问笔录没有填写询问人、记录人、法定代理人姓名以及询问的起止时间、地点的。 （2）询问地点不符合规定的。 （3）询问笔录没有记录告知证人有关作证的权利义务和法律责任的。 （4）询问笔录反映出在同一时段，同一询问人员询问不同证人的。 （5）询问未成年人，其法定代理人或者合适成年人不在场的。

考点 19　鉴定意见

概念		鉴定意见是指公安司法机关为了解决案件中某些专门性问题，指派或聘请具有这方面专门知识和技能的人进行鉴定后所作的书面意见。
鉴定意见的运用	形式要求	鉴定意见的形式必须是书面的《鉴定书》，由鉴定人本人签名并加盖单位公章。
	出庭要求	（1）鉴定意见必须当庭宣读，鉴定人一般应当出庭，对鉴定过程和内容、结论作出说明，接受质证。 （2）符合两个条件即需出庭：第一，公诉人、当事人或者辩护人、诉讼代理人对鉴定意见有异议；第二，人民法院认为鉴定人有必要出庭的。
	不出庭的后果	（1）无正当理由： ①经人民法院通知，鉴定人拒不出庭作证的，鉴定意见不得作为定案的根据。 ②对没有正当理由拒不出庭作证的鉴定人，人民法院应当通报司法行政机关或者有关部门。 （2）有正当理由： 鉴定人由于不能抗拒的原因或者有其他正当理由无法出庭的，人民法院可以根据情况决定延期审理或者重新鉴定。
鉴定意见的审查与认定		鉴定意见具有下列情形之一的，不得作为定案的根据： （1）鉴定机构不具备法定资质，或者鉴定事项超出该鉴定机构业务范围、技术条件的。 （2）鉴定人不具备法定资质，不具有相关专业技术或者职称，或者违反回避规定的。 （3）送检材料、样本来源不明，或者因污染不具备鉴定条件的。 （4）鉴定对象与送检材料、样本不一致的。 （5）鉴定程序违反规定的。 （6）鉴定过程和方法不符合相关专业的规范要求的。 （7）鉴定文书缺少签名、盖章的。 （8）鉴定意见与案件待证事实没有关联的。 （9）违反有关规定的其他情形。

考点 20　刑事证据的分类

1. 原始证据与传来证据

标准	证据材料的来源。
概念及界定	凡是来自原始出处，即直接来源于案件事实的证据材料，是原始证据。
	凡是不直接来源于案件事实，而是从间接的非第一来源获得的证据材料，称为传来证据。
运用	通常情况下原始证据的证明价值大于传来证据。
	运用传来证据时，除遵守一般的证明规律以外，还应该遵守以下相应的特殊规则： （1）来源不明的材料不能作为证据使用。 （2）只有在原始证据不能取得或者确有困难时，才能用传来证据代替。 （3）应采用距离原始证据最近的传来证据，即转述、复制次数最少的原始证据。 （4）如果案件只有传来证据，没有任何原始证据，不得认定有罪。

2. 有罪证据与无罪证据

标准	与证明被告人有罪的关系。
概念及界定	凡是能够证明犯罪事实存在和犯罪行为系犯罪嫌疑人、被告人所为的证据，是有罪证据。 有罪证据包括罪轻证据也包括罪重证据，凡在认定有罪的前提下，用以证明犯罪嫌疑人、被告人具有从轻、减轻、免除处罚或者从重、加重情节的证据，都属于有罪证据。
	无罪证据则只有两种：一是证明犯罪事实并未发生的证据，如证明被害人系自杀或意外死亡，而非他杀的证据；二是证明犯罪行为并非该犯罪嫌疑人、被告人所为的证据，如证明犯罪嫌疑人、被告人在案发时没有作案时间、不在现场的证人证言。
运用	收集能够证实犯罪嫌疑人、被告人有罪或者无罪、犯罪情节轻重的各种证据。
	在运用有罪证据和无罪证据时，除遵循运用证据的共同规则外，还应当特别注意以下几点：①既要注意收集有罪证据，也要注意收集无罪证据，要防止片面性；②在对被告人作出有罪的确定性认定时，要做到有罪证据确实、充分，排除无罪的可能性。如果案内有无罪证据尚未排除，不能得出有罪的结论。

3. 言词证据与实物证据

标准	证据的表现形式。
概念及界定	凡是表现为人的陈述为言词证据。凡是表现为物品、痕迹和内容具有证据价值的书面文件，即以实物作为表现形式的证据，是实物证据。
	物证、书证、勘验、检查笔录属于实物证据。勘验检查笔录本身就是保全物证、书证的手段，因而认定为实物证据。

4. 直接证据与间接证据

标准	证据与案件主要事实证明关系。
概念及界定	直接证据是能够单独、直接证明案件主要事实的证据。也就是说，某一项证据的内容，无需经过推理过程，即可以直观地说明犯罪行为是否是犯罪嫌疑人、被告人所实施。 刑事诉讼中的直接证据主要有： （1）被害人指认犯罪分子的陈述； （2）犯罪嫌疑人、被告人的供述和辩解； （3）现场目击者指认出犯罪分子并陈述犯罪过程的证言； （4）记载有关犯罪内容的书证； （5）某些通过监控设备摄录的能够再现犯罪经过的视听资料、电子数据。
	间接证据是不能单独、直接证明刑事案件主要事实，需要与其他证据相结合才能证明的证据。间接证据必须与案内的其他证据结合起来，形成一个证据体系，才能共同证明案件的主要事实。 常见的间接证据有：反映犯罪嫌疑人、被告人到过现场的痕迹物品、犯罪工具，反映犯罪动机、目的的证据，认定案发现场的勘验笔录等。特别是各种物证，一般只能证明案件事实中的某些片段或个别情节，基本上属于间接证据。
运用	没有直接证据，但间接证据同时符合下列条件的，可以认定被告人有罪： （1）证据已经查证属实。 （2）证据之间相互印证，不存在无法排除的矛盾和无法解释的疑问。 （3）全案证据形成完整的证据链。 （4）根据证据认定案件事实足以排除合理怀疑，结论具有唯一性。 （5）运用证据进行的推理符合逻辑和经验。

考点 21　刑事证据规则

1. 关联性规则

概念及性质	概念	关联性规则，是指只有与案件事实有关的材料，才能作为证据使用。
	性质	关联性是证据被采纳的首要条件。没有关联性的证据不具有可采性，但具有关联性的证据未必都具有可采性。
法律规定		对证据的真实性，应当综合全案证据进行审查。对证据的证明力，应当根据具体情况，从证据与案件事实的关联程度、证据之间的联系等方面进行审查判断。

2. 自白任意规则

概念	自白任意规则，又称非任意自白排除规则，是指在刑事诉讼中，只有基于被追诉人自由意志而作出的自白（即承认有罪的供述），才具有可采性；违背当事人意愿或违反法定程序而强制作出的供述不是自白，而是逼供，不具有可采性，必须予以排除。
法律规定	《刑事诉讼法》第 52 条规定，严禁刑讯逼供和以威胁、引诱、欺骗以及其他非法方法收集证据，不得强迫任何人证实自己有罪。从法律规定来看，我国已经基本确立了自白任意规则。

3. 传闻证据规则

概念及形式	概念	传闻证据规则，也称传闻证据排除规则，即如无法定理由，任何人在庭审期间以外及庭审准备期间以外的陈述，不得作为认定被告人有罪的证据。
	形式	所谓传闻证据，主要包括两种形式：一是书面传闻证据：即亲身感受了案件事实的证人在庭审期日之外所作的书面证人证言，及警察、检察人员所作的（证人）询问笔录；二是言词传闻证据：即证人并非就自己亲身感知的事实作证，而是向法庭转述他从别人那里听到的情况。
排除原因		之所以排除传闻证据，主要理由是"真实性无法判断"： （1）传闻证据有可能失真。 （2）传闻证据无法接受交叉询问，真实性无法证实。 （3）传闻证据并非在裁判官面前的陈述。

4. 补强证据规则

补强证据 的适用 条件	（1）补强证据必须具有证据能力。 （2）补强证据本身必须具有担保补强对象真实的能力。 （3）补强证据必须具有独立的来源。
口供补强	只有被告人供述，没有其他证据的，不能认定被告人有罪和处以刑罚。
证人证言 的补强	下列证据应当慎重使用，有其他证据印证的，可以采信： （1）生理上、精神上有缺陷对案件事实的认知和表达存在一定困难，但尚未丧失正确认知、表达能力的被害人、证人和被告人所作的陈述、证言和供述。 （2）与被告人有亲属关系或者其他密切关系的证人所作的有利被告人的证言，或者与被告人有利害冲突的证人所作的不利被告人的证言。

5. 非法证据排除规则

言词证据 排除范围	供述：刑讯逼供、暴力、威胁、非法拘禁获得应当排除。 （1）采取殴打、违法使用戒具等暴力方法或者变相肉刑的恶劣手段，使犯罪嫌疑人、被告人遭受难以忍受的痛苦而违背意愿作出的供述，应当予以排除。 （2）采用以暴力或者严重损害本人及其近亲属合法权益等进行威胁的方法，使犯罪嫌疑人、被告人遭受难以忍受的痛苦而违背意愿作出的供述，应当予以排除。 （3）采用非法拘禁等非法限制人身自由的方法收集的犯罪嫌疑人、被告人供述，应当予以排除。
	原则上重复性的供述也应当排除，但是换人+告知+自愿不排除。采用刑讯逼供方法使被告人作出供述，之后被告人受该刑讯逼供行为影响而作出的与该供述相同的重复性供述，应当一并排除，但下列情形除外： （1）调查、侦查期间，监察机关、侦查机关根据控告、举报或者自己发现等，确认或者不能排除以非法方法收集证据而更换调查、侦查人员，其他调查、侦查人员再次讯问时告知有关权利和认罪的法律后果，被告人自愿供述的。 （2）审查逮捕、审查起诉和审判期间，检察人员、审判人员讯问时告知诉讼权利和认罪的法律后果，被告人自愿供述的。
	讯问地点不符合规定、未同步录音录像应当排除。 （1）采用刑讯逼供或者冻、饿、晒、烤、疲劳审讯等非法方法收集的被告人供述，应当排除。 （2）除情况紧急必须现场讯问以外，在规定的办案场所外讯问取得的供述，未依法对讯问进行全程录音录像取得的供述，以及不能排除以非法方法取得的供述，应当排除。

续表

实物类证据排除范围	收集物证、书证不符合法定程序，可能严重影响司法公正的，应当予以补正或者作出合理解释；不能补正或者作出合理解释的，对有关证据应当予以排除。认定"可能严重影响司法公正"，应当综合考虑收集证据违反法定程序以及所造成后果的严重程度等情况。
	根据被告人的供述、指认提取到了隐蔽性很强的物证、书证，且被告人的供述与其他证明犯罪事实发生的证据相互印证，并排除串供、逼供、诱供等可能性的，可以认定被告人有罪。

要点提炼

【专题练习】

1. 甲、乙二人系药材公司仓库保管员，涉嫌 5 次共同盗窃其保管的名贵药材，涉案金额 40 余万元。一审开庭审理时，药材公司法定代表人丙参加庭审。经审理，法院认定了其中 4 起盗窃事实，另 1 起因证据不足未予认定，甲和乙以职务侵占罪分别被判处有期徒刑 3 年和 1 年。关于本案证据，下列选项正确的是：

A. 侦查机关制作的失窃药材清单是书证

B. 为查实销赃情况而从通信公司调取的通话记录清单是书证

C. 甲将部分销赃所得 10 万元存入某银行的存折是物证

D. 因部分失窃药材不宜保存而在法庭上出示的药材照片是物证

2. 某小学发生一起猥亵儿童案件，三年级女生甲向校长许某报称被老师杨某猥亵。许某报案后，侦查人员通过询问许某了解了甲向其陈述的被杨某猥亵的经过。侦查人员还通过询问甲了解到，另外两名女生乙和丙也可能被杨某猥亵，乙曾和甲谈到被杨某猥亵的经过，甲曾目睹杨某在课间猥亵丙。讯问杨某时，杨某否认实施猥亵行为，并表示他曾举报许某贪污，许某报案是对他的打击报复。关于本案证据，下列选项正确的是：

A. 甲向公安机关反映的情况，既是被害人陈述，也是证人证言

B. 关于甲被猥亵的经过，许某的证言可作为甲陈述的补强证据

C. 关于乙被猥亵的经过，甲的证言属于传闻证据，不得作为定案的依据

D. 甲、乙、丙因年幼，其陈述或证言必须有其他证据印证才能采信

【专题练习答案及详解】

1. B。物证是指证明案件真实情况的一切物品和痕迹。书证是指以记载的内容和反映的思想来证明案件真实情况的书面材料或其他物质材料。本题中 A 项是扣押清单，不是书证。B 项和 C 项均属于书证。因此，AC 两项错误。B 项正确。D 项，因部分失窃药材不宜保存而在法庭上出示的药材照片，是以其内容证明案件真实情况，因而属于书证。故 D 项错误。本题的正确答案为 B。

2. A。甲向公安机关反映的既有另外 2 名女生乙和丙被害的经过，也有自己被害的经过。所以，既是被害人陈述，也是证人证言。故 A 项正确。补强证据要有独立的来源，许某的证言来自甲，不能作为甲的补强证据。故 B 项错误。传闻证据规则，也称传闻证据排除规则，即法律排除传闻证据作为认定犯罪事实的根据的规则。根据这一规则，如无法定理由，任何人在庭审期间以外及庭审准备期间以外的陈述，不得作为认定被告人有罪的证据。本题中，甲的证言虽属于传闻证据，但是，在我国，该传闻证据仍然可能作为定案的根据。故 C 项错误。《刑诉解释》第 143 条规定："下列证据应当慎重使用，有其他证据印证的，可以采信：（一）生理上、精神上有缺陷，对案件事实的认知和表达存在一定困难，但尚未丧失正确认知、表达能力的被害人、证人和被告人所作的陈述、证言和供述；（二）与被告人有亲属关系或者其他密切关系的证人所作的有利于被告人的证言，或者与被告人有利害冲突的证人所作的不利于被告人的证言。"此法条中未提到年幼，所以 D 项错误。

专题七　强制措施

考点 22　拘传

决定机关	人民法院、人民检察院、公安机关。
执行机关	人民法院、人民检察院、公安机关。
适用条件	（1）已经传唤（但在特殊情况下，可以不经传唤，径行拘传）。 （2）犯罪嫌疑人、被告人无正当理由拒不到案。
时限	（1）不得超过 12 小时；案情特别重大、复杂，需要采取逮捕措施的，不得超过 24 小时。 （2）不得以连续拘传的方式变相拘禁犯罪嫌疑人、被告人。 （3）应当保证被拘传人的饮食和必要的休息时间。
变更	应当经人民检察院检察长或检察委员会决定，或经人民法院院长决定。

考点 23　监视居住与取保候审

	取保候审	监视居住
决定机关	人民法院、人民检察院、公安机关。	
执行机关	公安机关。	

	取保候审	监视居住
适用条件	（1）可能判处管制、拘役或者独立适用附加刑的； （2）可能判处有期徒刑以上刑罚，采取取保候审不致发生社会危险性的； （3）患有严重疾病、生活不能自理，怀孕或者正在哺乳自己婴儿的妇女，采取取保候审不致发生社会危险性的； （4）羁押期限届满，案件尚未办结，需要采取取保候审的。	（1）患有严重疾病、生活不能自理的； （2）怀孕或者正在哺乳自己婴儿的妇女； （3）系生活不能自理的人的唯一扶养人； （4）因为案件的特殊情况或者办理案件的需要，采取监视居住措施更为适宜的； （5）羁押期限届满，案件尚未办结，需要采取监视居住措施的。 此外，对符合取保候审条件，但犯罪嫌疑人、被告人不能提出保证人，也不交纳保证金的，可以监视居住。
时限	最长不得超过 12 个月。	最长不得超过 6 个月。
遵守规定	（1）未经执行机关批准不得离开所居住的市、县； （2）住址、工作单位和联系方式发生变动的，在 24 小时以内向执行机关报告； （3）在传讯的时候及时到案； （4）不得以任何形式干扰证人作证； （5）不得毁灭、伪造证据或者串供。 此外，公检法可以责令被取保候审人遵守以下一项或者多项规定： （1）不得进入特定的场所； （2）不得与特定的人员会见或者通信； （3）不得从事特定的活动； （4）将护照等出入境证件、驾驶证件交执行机关保存。	（1）未经执行机关批准不得离开执行监视居住的处所； （2）未经执行机关批准不得会见他人或者通信； （3）在传讯的时候及时到案； （4）不得以任何形式干扰证人作证； （5）不得毁灭、伪造证据或者串供； （6）将护照等出入境证件、身份证件、驾驶证件交执行机关保存。

	取保候审	监视居住
特别规定	（1）保证人的条件： ①与本案无牵连； ②有能力履行保证义务； ③享有政治权利，人身自由未受到限制； ④有固定的住处和收入。 （2）保证人应当履行以下义务： ①监督被保证人遵守《刑事诉讼法》第71条的规定； ②发现被保证人可能发生或者已经发生违反《刑事诉讼法》第71条规定的行为的，应当及时向执行机关报告。 被保证人有违反《刑事诉讼法》第71条规定的行为，保证人未履行保证义务的，对保证人处以罚款，构成犯罪的，依法追究刑事责任。	监视居住应当在犯罪嫌疑人、被告人的住处执行；无固定住处的，可以在指定的居所执行。对于涉嫌危害国家安全犯罪、恐怖活动犯罪，在住处执行可能有碍侦查的，经上一级人民检察院或者公安机关批准，也可以在指定的居所执行。但是，不得在羁押场所、专门的办案场所执行。 指定居所监视居住的期限应当折抵刑期。被判处管制的，监视居住1日折抵刑期1日；被判处拘役、有期徒刑的，监视居住2日折抵刑期1日。 执行机关对被监视居住的犯罪嫌疑人、被告人，可以采取电子监控、不定期检查等监视方法对其遵守监视居住规定的情况进行监督；在侦查期间，可以对被监视居住的犯罪嫌疑人的通信进行监控。

考点 24　拘留

决定机关	拘留权属于公安机关。 人民检察院直接受理的案件，具有下面 2 种情形之一的，由人民检察院作出拘留决定，由公安机关立即执行：犯罪后企图自杀、逃跑或者在逃的；有毁灭、伪造证据或串供可能的。
执行机关	拘留由公安机关执行。 注意国家安全机关执行的情形。
变更	公安机关对被拘留的人应当在拘留后的 24 小时以内进行讯问，发现不应当拘留的，必须立即释放。 公安机关对被拘留的人，认为需要逮捕的，应当提请人民检察院审查批准。人民检察院不批准逮捕的，公安机关应当在接到通知后立即释放，并且将执行情况及时通知人民检察院。对于需要继续侦查，并且符合取保候审、监视居住条件的，依法取保候审或者监视居住。
拘留后的通知	拘留后，应当立即将被拘留人送看守所羁押，至迟不得超过 24 小时。除无法通知或者涉嫌危害国家安全犯罪、恐怖活动犯罪通知可能有碍侦查的情形以外，应当在拘留后 24 小时以内，通知被拘留人的家属。有碍侦查的情形消失以后，应当立即通知被拘留人的家属。

考点 25 逮捕

决定机关	逮捕的批准权属于检察院；决定权属于法院。
执行机关	逮捕的执行权属于公安机关。
执行程序	（1）执行逮捕时，应持有经县以上公安机关负责人签发的逮捕证，并向被逮捕的人出示。 （2）逮捕后，应当立即将被逮捕人送看守所羁押。除无法通知的以外，应当在逮捕后 24 小时以内通知被逮捕人的家属。 （3）人民法院、人民检察院对于各自决定逮捕的人，公安机关对于经人民检察院批准逮捕的人，依法执行逮捕后，必须在 24 小时以内对被逮捕人进行讯问。
变更	（1）需要变更的情形请参见《刑诉解释》第 169、170 条。 （2）变更的程序为： ①犯罪嫌疑人被逮捕后，人民检察院经审查认为不需要继续羁押，建议予以释放或者变更强制措施的，公安机关应当予以调查核实。认为不需要继续羁押的，应当予以释放或者变更强制措施；认为需要继续羁押的，应当说明理由。公安机关应当在 10 日以内将处理情况通知人民检察院。 ②对人民法院决定逮捕的被告人，人民检察院建议释放或者变更强制措施的，人民法院应当在收到建议后 10 日以内将处理情况通知人民检察院。

考点 26 羁押必要性审查

启动方式	依申请	（1）犯罪嫌疑人、被告人及其法定代理人、近亲属、辩护人申请进行羁押必要性审查的，应当说明不需要继续羁押的理由。 （2）负责部门——统一归同级检察院捕诉部门负责。 （3）办案机关对应的同级人民检察院负责控告申诉检察的部门或者负责案件管理的部门收到羁押必要性审查申请后，应当在当日移送本院负责捕诉的部门。其他人民检察院收到羁押必要性审查申请的，应当告知申请人向办案机关对应的同级人民检察院提出申请，或者在 2 日以内将申请材料移送办案机关对应的同级人民检察院，并告知申请人。
	依职权	人民检察院在办案过程中可以依职权主动进行羁押必要性审查。

审查	人民检察院进行羁押必要性审查，可以采取以下方式： (1) 审查不需要继续羁押的理由和证明材料。 (2) 听取犯罪嫌疑人、被告人及其法定代理人、辩护人的意见。 (3) 听取被害人及其法定代理人、诉讼代理人的意见，了解是否达成和解协议。 (4) 听取办案机关的意见。 (5) 调查核实犯罪嫌疑人、被告人的身体健康状况。 (6) 需要采取的其他方式。	
考量因素	人民检察院应当根据犯罪嫌疑人、被告人涉嫌的犯罪事实、主观恶性、悔罪表现、身体状况、案件进展情况、可能判处的刑罚和有无再危害社会的危险等因素，综合评估有无必要继续羁押犯罪嫌疑人、被告人。	
情形处理	应当建议释放或变更的情形	人民检察院发现犯罪嫌疑人、被告人具有下列情形之一的，应当向办案机关提出释放或者变更强制措施的建议： (1) 案件证据发生重大变化，没有证据证明有犯罪事实或者犯罪行为系犯罪嫌疑人、被告人所为的。 (2) 案件事实或者情节发生变化，犯罪嫌疑人、被告人可能被判处拘役、管制、独立适用附加刑、免予刑事处罚或者判决无罪的。 (3) 继续羁押犯罪嫌疑人、被告人，羁押期限将超过依法可能判处的刑期的。 (4) 案件事实基本查清，证据已经收集固定，符合取保候审或者监视居住条件的。
	可以建议释放或变更的情形	经羁押必要性审查，发现犯罪嫌疑人、被告人具有下列情形之一，且具有悔罪表现，不予羁押不致发生社会危险性的，可以向办案机关提出释放或者变更强制措施的建议： (1) 预备犯或者中止犯。 (2) 共同犯罪中的从犯或者胁从犯。 (3) 过失犯罪的。 (4) 防卫过当或者避险过当的。 (5) 主观恶性较小的初犯。 (6) 系未成年人或者已满75周岁的人。 (7) 与被害方依法自愿达成和解协议，且已经履行或提供担保。 (8) 认罪认罚的。 (9) 患有严重疾病、生活不能自理的。 (10) 怀孕或者正在哺乳自己婴儿的妇女。

续表

情形处理	可以建议释放或变更的情形	（11）系生活不能自理的人的唯一扶养人。 （12）可能被判处 1 年以下有期徒刑或者宣告缓刑的。 （13）其他不需要继续羁押的情形。

【专题练习】

要点提炼

1. 甲涉嫌盗窃罪被逮捕。在侦查阶段，甲父向检察院申请进行羁押必要性审查。关于羁押必要性审查的程序，下列哪一选项是正确的？

A. 由检察院侦查监督部门负责

B. 审查应不公开进行

C. 检察院可向公安机关了解本案侦查取证的进展情况

D. 如对甲父的申请决定不予立案的，应由检察长批准

2. 甲、乙涉嫌非法拘禁罪被取保候审。本案提起公诉后，法院认为对甲可继续适用取保候审，乙因有伪造证据的行为而应予逮捕。对于法院适用强制措施，下列哪些选项是正确的？

A. 对甲可变更为保证人保证

B. 决定逮捕之前可先行拘留乙

C. 逮捕乙后应在 24 小时内讯问

D. 逮捕乙后，同级检察院可主动启动对乙的羁押必要性审查

【专题练习答案及详解】

1. C。《高检规则》第 575 条规定，负责捕诉的部门依法对侦查和审判阶段的羁押必要性进行审查。故 A 项错误。《高检规则》第 577 条第 2 款规定："必要时，可以依照有关规定进行公开审查。"本案是盗窃案，不涉及国家秘密、商业秘密、个人隐私，故可以公开审查。故 B 项错误。《高检规则》第 577 条第 1 款规定："人民检察院可以采取以下方式进行羁押必要性审查：（一）审查犯罪嫌疑人、被告人不需要继续羁押的理由和证明材料；（二）听取犯罪嫌疑人、被告人及其法定代理人、辩护人的意见；（三）听取被害人及其法定代理人、诉讼代理人的意见，了解是否达成和解协议；（四）听取办案机关的意见；（五）调查核实犯罪嫌疑人、被告人的身体健康状况；（六）需要采取的其他方式。"故 C 项正确。《人民检察院办理羁押必要性审查案件规定（试行）》第 12 条规定，经初审，对于犯罪嫌疑人、被告人可能具有本规定第 17 条、第 18 条情形之一的，检察官应当制作立案报告书，经检察长或者分管副检察长批准后予以立案。对于无理由或者理由明显不成立的申请，或者经人民检察院审查后未提供新的证明材料或者没有新的理由而再次申请的，由检察官决定不予立案，并书面告知申请人。由此可见，对甲父的申请决定不予立案，检察官就可以决定，无须检察长批准。故 D 项错误。

2. ACD。《刑事诉讼法》第 68 条规定，人民法院、人民检察院和公安机关决定对犯罪嫌疑人、被告人取保候审，应当责令犯罪嫌疑人、被告人提出保证人或者交纳保证金。而且，公安司法机关可以根据案情对保证方式进行变更。故 A 项正确。《刑事诉讼法》第 71 条第 4 款规定，对违反取保候审规定，需要予以逮捕的，可以对犯罪嫌疑人、被告人先行拘留。故 B 项，法院决定逮捕是正确的，但是法院先行拘留做法错误，应当由公安机关先行拘留。故 B 项错误。《刑事诉讼法》第 94 条规定，人民法院、人民检察院对于各自决定逮捕的人，公安机关对于经人民检察院批准逮捕的人，都必须在逮捕后的 24 小时以内进行讯问。在发现不应当逮捕的时候，必须立即释放，发给释放证明。故 C 项正确。《高检规则》第 573 条规定，犯罪嫌疑人、被告人被逮捕后，人民检察院仍应当对羁押的必要性进行审查。同法第 574 条规定，人民检察院在办案过程中可以依职权主动进行羁押必要性审查。本题中，法院决定逮捕乙后，同级检察院可主动启动对乙的羁押必要性审查。故 D 项正确。

专题八　附带民事诉讼与期间

考点 27　附带民事诉讼当事人

附带民事诉讼原告人	附带民事诉讼原告人，是指以自己的名义向司法机关提起附带民事诉讼赔偿请求的人。
	有权提起附带民事诉讼的主体包括以下几种情况： (1) 因犯罪行为遭受物质损失的公民。 (2) 因犯罪行为遭受物质损失的企业、事业单位、机关、团体等。 (3) 被害人死亡或者丧失行为能力的，被害人的法定代理人、近亲属有权提起附带民事诉讼。根据《刑事诉讼法》第 108 条的规定，法定代理人是指被代理人的父母、养父母、监护人和负有保护责任的机关、团体的代表；近亲属是指夫、妻、父、母、子、女、同胞兄弟姊妹。 (4) 当被害人是未成年人或限制行为能力人时，其法定代理人可以代为提起附带民事诉讼。 (5) 如果是国家财产、集体财产遭受损失的，受损失的单位未提起附带民事诉讼，人民检察院可以在提起公诉时提起附带民事诉讼。对此类案件，人民检察院是可以提起附带民事诉讼而不是必须提起。人民检察院提起附带民事诉讼的，应当列为附带民事诉讼原告人。
附带民事诉讼被告人	附带民事诉讼被告人，是指对被害人因犯罪行为所造成的物质损失负有赔偿责任的人。
	附带民事诉讼的被告人包括以下几种： (1) 刑事案件的被告人以及未被追究刑事责任的其他共同侵害人。 (2) 刑事被告人的监护人。具体是指未成年人或限制刑事责任能力被告人的监护人。 (3) 死刑罪犯的遗产继承人。其应当在所继承的遗产范围内承担赔偿责任。 (4) 共同犯罪案件中，案件审结前死亡的被告人的遗产继承人。同样应当在所继承的遗产范围内承担赔偿责任。在此种和上一种情况下对被害人的赔偿应当看作是已经死亡的刑事被告人生前所负的债务，属于遗产的清偿范围。 (5) 对被害人的物质损失依法应当承担赔偿责任的其他单位和个人。
	附带民事诉讼被告人的亲友自愿代为赔偿的，应当准许。共同犯罪案件，同案犯在逃的，不应列为附带民事诉讼被告人。逃跑的同案犯到案后，被害人或者其法定代理人、近亲属可以对其提起附带民事诉讼，但已经从其他共同犯罪人处获得足额赔偿的除外。

考点 28 附带民事诉讼的审判

1. 法院审理附带民事诉讼案件，除《刑法》《刑事诉讼法》以及刑事司法解释已有规定的以外，适用民事法律的有关规定。

2. 法院应当结合被告人赔偿被害人物质损失的情况认定其悔罪表现，并在量刑时予以考虑。

3. 对于检察院提起的附带民事诉讼，法院对案件可以调解。

4. 原告经传唤，无正当理由拒不到庭，或未经法庭许可中途退庭的，应当按撤诉处理。

5. 刑事被告人以外的附带民事诉讼被告人下落不明，或者用公告送达以外的其他方式无法送达，可能导致刑事案件审判过分迟延的，可以不将其列为附带民事诉讼被告人，告知附带民事诉讼原告人另行提起民事诉讼。

6. 法院审理附带民事诉讼案件时，在财产保全措施适用上与民事诉讼相同，遇到相关问题，可以直接适用民诉法的规定。

7. 如果刑事部分作出撤销案件、不起诉或终止审理的处理，附带民事诉讼不能继续进行，应当另行提起民事诉讼。

8. 法院准许检察院撤回起诉的，对已提起的附带民事诉讼，可以调解；不宜调解或经调解不能达成协议的，应当裁定驳回起诉。

9. 法院认定公诉案件被告人行为不构成犯罪的，对已经提起的附带民事诉讼，经调解不能达成协议的，应当一并作出刑事附带民事判决。

10. 二审期间才提起附带民事诉讼的，二审法院可以依法进行调解，调解不成的，告知当事人可以在刑事判决、裁定生效后另行提起民事诉讼。

考点 29 期间的计算

1. 期间的计算单位和方法

（1）我国刑事诉讼的期间以时、日、月为计算单位。

（2）以时为计算单位的期间，从期间开始的下一时起算，期间开始的时不计算在期间以内。它的届满以法定期间时数的最后一时完了为止。

（3）以日为计算单位的期间，从期间开始的次日起算，期间开始的日不计算在期间以内。它的届满以法定期间日数的最后一日完了为止。

（4）以月计算的期间，自本月某日至下月同日为一个月；期限起算日为本月最后一日的，至下月最后一日为一个月；下月同日不存在的，自本月某日至下月最后一日为一个月；半个月一律按十五日计算。

2. 特殊情形下期间的计算

（1）法定期间不包括路途上的时间。有关诉讼文书材料在公安司法机关之间传递过程中的时间，也应当在法定期间内予以扣除。

（2）通过邮寄的上诉状或者其他文件，只要是在法定期间内交邮的，即使司法机关收到时已过法定期限，也不算过期。上诉状或其他文件是否在法定期限内交邮以当地邮局所盖邮戳为准。

（3）期间的最后一日为节假日的，以节假日后的第一日为期满日期。但犯罪嫌疑人、被告人或者罪犯在押期间，应当至期满之日为止，不得因节假日而延长。节假日包括公休日（星期六、星期日）和法定假日（如元旦、春节、五一劳动节、国庆节等）。

（4）在侦查期间，发现犯罪嫌疑人另有重要罪行的，自发现之日起依照《刑事诉讼法》第156条的规定重新计算侦查羁押期限。

（5）公安机关或人民检察院补充侦查完毕移送人民检察院或人民法院后，人民检察院或人民法院重新计算审查起诉、审判期限。

（6）犯罪嫌疑人不讲真实姓名、住址，身份不明的，应当对其身份进行调查，侦查羁押期限自查清其身份之日起计算，但是不得停止对其犯罪行为的侦查取证。对于犯罪事实清楚，证据确实、充分，确实无法查明其身份的，也可以按其自报的姓名起诉、审判。

（7）犯罪嫌疑人、被告人在押的案件，对犯罪嫌疑人、被告人作精神病鉴定的时间不计入办案期限，其他鉴定时间都应当计入办案期限。

（8）人民检察院审查起诉的案件，改变管辖的，从改变后的人民检察院收到案件之日起计算审查起诉期限。

（9）第二审人民法院发回原审人民法院重新审判的案件，原审人民法院从收到发回的案件之日起，重新计算审理期限。

（10）指定管辖案件的审理期限，自被指定管辖的人民法院收到指定管辖决定书和有关案卷、证据材料之日起计算。

（11）申请上级人民法院批准延长审理期限，应当在期限届满15日前层报。有权决定的人民法院不同意延长的，应当在审理期限届满5日前作出决定。因特殊情况申请最高人民法院批准延长审理期限，最高人民法院经审查，予以批准的，可以延长审理期限1至3个月。期限届满案件仍然不能审结的，可以再次提出申请。

要点提炼

【专题练习】

1. 甲系某地交通运输管理所工作人员，在巡查执法时致一辆出租车发生重大交通事故，司机乙重伤，乘客丙当场死亡，出租车严重受损。甲以滥用职权罪被提起公诉。关于本案处理，下列哪一选项是正确的？

A. 乙可成为附带民事诉讼原告人

B. 交通运输管理所可成为附带民事诉讼被告人

C. 丙的妻子提起附带民事诉讼的，法院应裁定不予受理

D. 乙和丙的近亲属可与甲达成刑事和解

2. 卢某妨害公务案于 2016 年 9 月 21 日一审宣判，并当庭送达判决书。卢某于 9 月 30 日将上诉书交给看守所监管人员黄某，但黄某因忙于个人事务直至 10 月 8 日上班时才寄出，上诉书于 10 月 10 日寄到法院。关于一审判决生效，下列哪一选项是正确的？

A. 一审判决于 9 月 30 日生效

B. 因黄某耽误上诉期间，卢某将上诉书交予黄某时，上诉期间中止

C. 因黄某过失耽误上诉期间，卢某可申请期间恢复

D. 上诉书寄到法院时一审判决尚未生效

【专题练习答案及详解】

1. C。《刑诉解释》第 177 条规定："国家机关工作人员在行使职权时，侵犯他人人身、财产权利构成犯罪，被害人或者其法定代理人、近亲属提起附带民事诉讼的，人民法院不予受理，但应当告知其可以依法申请国家赔偿。"甲涉嫌滥用职权罪，该罪是国家机关工作人员在行使职权时实施的犯罪，故乙不能提起附带民事诉讼，丙的妻子也不能提起附带民事诉讼，因此 AB 项错误，C 项正确。《刑事诉讼法》第 288 条第 1 款规定："下列公诉案件，犯罪嫌疑人、被告人真诚悔罪，通过向被害人赔偿损失、赔礼道歉等方式获得被害人谅解，被害人自愿和解的，双方当事人可以和解：（一）因民间纠纷引起，涉嫌刑法分则第四章、第五章规定的犯罪案件，可能判处三年有期徒刑以下刑罚的；（二）除渎职犯罪以外的可能判处七年有期徒刑以下刑罚的过失犯罪案件。"本题中甲涉嫌的滥用职权罪属于渎职犯罪，因而不能适用刑事和解程序，乙和丙的近亲属不得与甲达成刑事和解。故 D 项错误。

2. D。《刑事诉讼法》第 230 条规定，不服判决的上诉和抗诉的期限为 10 日，不服裁定的上诉和抗诉的期限为 5 日，从接到判决书、裁定书的第二日起算。《刑事诉讼法》第 105 条规定，期间开始的时和日不算在期间以内。法定期间不包括路途上的时间。上诉状或者其他文件在期满前已经交邮的，不算过期。期间的最后一日为节假日的，以节假日后的第一日为期满日期，但犯罪嫌疑人、被告人或者罪犯在押期间，应当至期满之日为止，不得因节假日而延长。故本题中 9 月 21 日一审宣判，并当庭送达判决书，上诉期从 9 月 22 日开始计算，最后一日是 10 月 1 日，因为 10 月 1 日是法定节假日，上诉期限顺延至法定节假日之后的第一个工作日即 10 月 8 日。看守所监管人员 10 月 8 日上班时才寄出，该上诉仍然有效，故上诉书寄到法院时一审判决尚未生效。因此，D 项正确。

专题九　立　　案

考点 30　立案

立案的材料来源	公安机关或者人民检察院直接发现的犯罪事实或者获得的犯罪线索。这里的主体不包括人民法院，人民法院遵循不告不理原则。	
	报案	报案是指单位和个人以及被害人发现有犯罪事实发生，但尚不知犯罪嫌疑人为何人时，向公安机关、人民检察院、人民法院告发的行为。
	举报	举报是指单位和个人对其发现的犯罪事实或者犯罪嫌疑人向公安机关、人民检察院和人民法院进行告发、揭露的行为。举报较报案相比，举报的案件事实以及证据材料要详细、具体。
	控告	控告是指被害人（包括自诉人和被害单位）就其人身权利、财产权利遭受不法侵害的事实及犯罪嫌疑人的有关情况，向公安司法机关揭露和告发，要求依法追究其刑事责任的诉讼行为。
	犯罪人自首、自诉人的起诉	自首是指犯罪人作案以后自动投案，如实供述自己罪行，并接受公安司法机关的审查和裁判的行为。
立案的条件	公安机关、人民检察院的立案条件： （1）事实条件：有犯罪事实存在。 （2）法律条件：需要追究刑事责任。	
	人民法院立案的条件。除应当遵守上述两个条件以外，还应当具备下列条件： （1）案件属于自诉案件的范围。 （2）案件属于该人民法院管辖。 （3）提起自诉的主体必须是适格的自诉人，被害人死亡、丧失行为能力或者因受强制威吓等原因无法告诉或者不能亲自告诉的，被害人的法定代理人、近亲属有权向人民法院起诉。 （4）有明确的被告人、具体的诉讼请求和证明被告人犯罪事实的证据。	

对立案材料的接受	（1）公安机关、人民检察院或者人民法院对于报案、控告、举报，都应当接受。 （2）对于不属于自己管辖的，应当移送主管机关处理，并且通知报案人、控告人、举报人；对于不属于自己管辖而又必须采取紧急措施的，应当先采取紧急措施，然后移送主管机关。 （3）报案、控告和举报可以用书面或口头形式提出。接受口头报案、控告和举报的工作人员，应当写成笔录，经宣读无误后，由报案人、控告人、举报人签名或者盖章。 （4）接受控告、举报的工作人员应当向控告人、举报人说明诬告应负的法律责任。 （5）公安机关、人民检察院应当保障报案人、控告人、举报人及其近亲属的安全。报案人、控告人、举报人如果不愿公开自己的姓名和报案、控告、举报的行为，应当为他们保守秘密。
对立案材料的处理	（1）公检法对立案材料进行审查后的处理方式为立案或不立案； （2）无论是立案还是不立案，都必须是书面决定； （3）不立案的决定应当告知控告人； （4）控告人不服可以申请复议。

考点 31　立案监督

对公安机关管辖案件的立案监督	检察院受理应当立案侦查而不立案侦查线索的来源	（1）被害人及法定代理人、近亲属或行政执法机关对公安机关应当立案侦查而不立案侦查； （2）当事人认为公安机关不应当立案而立案，向人民检察院提出的； （3）检察院在办理案件或审查公安机关刑事案件信息过程中发现线索。
	线索审查后的处理	（1）没有犯罪事实，或者犯罪情节轻微不需追究刑事责任的，或有其他不追究刑事责任的情形，及时答复投诉人或行政执法机关； （2）不属于被投诉公安机关管辖的，应将有管辖权的机关告知投诉人或者行政执法机关，并建议控告或移送； （3）公安机关尚未作出不予立案决定的，移送公安机关处理； （4）有犯罪事实需要追究刑事责任的，属于公安机关管辖，且公安机关作出不立案决定的，经检察长批准，应当要求公安机关书面说明不立案的原因。
	检察院对不应当立案而立案的监督	要求公安机关书面说明立案理由。

对公安机关管辖案件的立案监督	立案程序的监督	（1）检察院要求公安机关说明理由时，公安机关应在 7 日内说明，检察院认为理由不成立的，应当通知公安机关在 15 日内决定立案； （2）检察院调查核实，可以询问办案人员和有关当事人，查阅、复印公安机关的相应法律文书及案卷。
	对不应当立案而立案的监督的复议、复核程序	（1）公安机关认为检察院撤销案件通知有错误，要求同级检察院复议的，检察院应当重新审查。在收到要求复议意见书和案卷材料后 7 日以内作出是否变更的决定，并通知公安机关。 （2）公安机关不接受检察院复议决定，提请上一级检察院复核的，上级检察院应当在收到提请复核意见书和案卷材料后 15 日以内作出是否变更的决定，通知下级检察院和公安机关执行。 （3）上级检察院复核认为撤销案件通知有错误的，下级检察院应当立即纠正；上级检察院复核认为撤销案件通知正确的，应当作出复核决定并送达下级公安机关。
	检察院对立案监督案件的跟踪监督	公安机关立案后 3 个月未侦查终结的，检察院可以发出《立案监督案件催办函》，公安机关应当及时向检察院反馈侦查进展情况。
对检察机关自侦案件的立法监督		人民检察院负责捕诉的部门发现本院负责侦查的部门对应当立案侦查的案件不立案侦查或者对不应当立案侦查的案件立案侦查的，应当建议负责侦查的部门立案侦查或者撤销案件。建议不被采纳的，应当报请检察长决定。

【专题练习】

要点提炼

1. 环卫工人马某在垃圾桶内发现一名刚出生的婴儿后向公安机关报案，公安机关紧急将婴儿送往医院，抢救成功后公安机关未予立案。关于本案的立案程序，下列哪一选项是正确的？

　　A. 确定遗弃婴儿的原因后才能立案

　　B. 马某对公安机关不予立案的决定可申请复议

　　C. 了解婴儿被谁遗弃的知情人可向检察院控告

　　D. 检察院可向公安机关发出要求说明不立案理由通知书

2. 甲公司以虚构工程及伪造文件的方式，骗取乙工程保证金 400 余万元。公安机关接到乙控告后，以尚无明确证据证明甲涉嫌犯罪为由不予立案。关于本案，下列哪一选项是正确的？

　　A. 乙应先申请公安机关复议，只有不服复议决定的才能请求检察院立案监督

　　B. 乙请求立案监督，检察院审查后认为公安机关应立案的，可通知公安机关立案

　　C. 公安机关接到检察院立案通知后仍不立案的，经省级检察院决定，检察院可自行立案侦查

　　D. 乙可直接向法院提起自诉

【专题练习答案及详解】

1. D。《刑事诉讼法》第 112 条规定，人民法院、人民检察院或者公安机关对于报案、控告、举报和自首的材料，应当按照管辖范围，迅速进行审查，认为有犯罪事实需要追究刑事责任的时候，应当立案；认为没有犯罪事实，或者犯罪事实显著轻微，不需要追究刑事责任的时候，不予立案，并且将不立案的原因通知控告人。控告人如果不服，可以申请复议。故 A 项错误在于，立案时无需确定遗弃婴儿的原因，只需查清是否有犯罪事实需要追究刑事责任即可。B 项错误在于，马某是报案人，不是控告人，其无权申请复议。C 项错误在于，控告的主体是被害人，第三人无权控告，只能报案或者举报。《刑事诉讼法》第 113 条规定，人民检察院认为公安机关对应当立案侦查的案件而不立案侦查的，或者被害人认为公安机关对应当立案侦查的案件而不立案侦查，向人民检察院提出的，人民检察院应当要求公安机关说明不立案的理由。人民检察院认为公安机关不立案理由不能成立的，应当通知公安机关立案，公安机关接到通知后应当立案。故 D 项正确。本题的正确答案为 D。

2. D。《刑事诉讼法》第 112 条规定，人民法院、人民检察院或者公安机关对于报案、控告、举报和自首的材料，应当按照管辖范围，迅速进行审查，认为有犯罪事实需要追究刑事责任的时候，应当立案；认为没有犯罪事实，或者犯罪事实显著轻微，不需要追究刑事责任的时候，不予立案，并且将不立案的原因通知控告人。控告人如果不服，可以申请复议。《刑事诉讼法》第 113 条规定，人民检察院认为公安机关对应当立案侦查的案件而不立案侦查的，或者被害人认为公安机关对应当立案侦查的案件而不立案侦查，向人民检察院提出的，人民检察院应当要求公安机关说明不立案的理由。人民检察院认为公安机关不立案理由不能成立的，应当通知公安机关立案，公安机关接到通知后应当立案。由此可见，申请复议不是请求检察院进行立案监督的必经程序，故 A 项错误。B 项错误在于，检察院应当先要求公安机关说明不立案的理由。《高检规则》第 564 条第 2 款规定，公安机关在收到通知立案书或者通知撤销案件书后超过 15 日不予立案或者未要求复议、提请复核也不撤销案件的，人民检察院应当发出纠正违法通知书。公安机关仍不纠正的，报上一级人民检察院协商同级公安机关处理。故 C 项错误。《刑事诉讼法》第 210 条规定，自诉案件包括下列案件：（1）告诉才处理的案件；（2）被害人有证据证明的轻微刑事案件；（3）被害人有证据证明对被告人侵犯自己人身、财产权利的行为应当依法追究刑事责任，而公安机关或者人民检察院不予追究被告人刑事责任的案件。故 D 项正确。

专题十　侦　　查

考点 32　讯问犯罪嫌疑人

1. 讯问犯罪嫌疑人必须由人民检察院或者公安机关的侦查人员负责进行。讯问的时候,侦查人员不得少于 2 人。

2. 讯问犯罪嫌疑人,除下列情形以外,应当在公安机关执法办案场所的讯问室进行:(1)紧急情况下在现场进行讯问的;(2)对有严重伤病或者残疾、行动不便的,以及正在怀孕的犯罪嫌疑人,在其住处或者就诊的医疗机构进行讯问的。对于已送交看守所羁押的犯罪嫌疑人,应当在看守所讯问室进行讯问。对于正在被执行行政拘留、强制隔离戒毒的人员以及正在监狱服刑的罪犯,可以在其执行场所进行讯问。对于不需要拘留、逮捕的犯罪嫌疑人,经办案部门负责人批准,可以传唤到犯罪嫌疑人所在市、县公安机关执法办案场所或者到他的住处进行讯问。

3. 传唤、拘传持续的时间不得超过 12 小时;案情特别重大、复杂,需要采取拘留、逮捕措施的,传唤、拘传持续的时间不得超过 24 小时。不得以连续传唤、拘传的形式变相拘禁犯罪嫌疑人。传唤、拘传犯罪嫌疑人,应当保证犯罪嫌疑人的饮食和必要的休息时间。

4. 讯问聋、哑的犯罪嫌疑人,应当有通晓聋、哑手势的人参加,并且将这种情况记明笔录。

5. 讯问犯罪嫌疑人,在文字记录的同时,可以对讯问过程进行录音录像。对于可能判处无期徒刑、死刑的案件或者其他重大犯罪案件,应当对讯问过程进行录音录像。

6. 笔录经犯罪嫌疑人核对无误后,应当由其在笔录上逐页签名、捺指印,并在末页写明"以上笔录我看过(或向我宣读过),和我说的相符"。拒绝签名、捺指印的,侦查人员应当在笔录上注明。

考点 33　询问证人、被害人

1. 询问证人、被害人,可以在现场进行,也可以到证人、被害人所在单位、住处或者证人、被害人提出的地点进行。在必要的时候,可以书面、电话或者当场通知证人、被害人到公安机关提供证言。询问证人、被害人应当个别进行。

2. 侦查人员不得向证人、被害人泄露案情或者表示对案件的看法,严禁采用暴力、威胁等非法方法询问证人、被害人。

3. 询问不满 18 周岁的证人、被害人，应当通知其法定代理人到场。如果是女性未成年证人、被害人，询问时应当有女工作人员在场。

考点 34   勘验、检查

1. 勘验、检查的人员除了侦查人员，还可以指派或者聘请具有专门知识的人参与。

2. 勘验、检查必须持有检察院或者公安机关的证明文件，而非工作证件。

3. 进行勘验、检查应当有见证人，不得担任见证人的是：（1）生理上、精神上有缺陷或者年幼，不具有相应辨别能力或者不能正确表达的人；（2）与案件有利害关系，可能影响案件公正处理的人；（3）行使勘验、检查、搜查、扣押、组织辨认等监察调查、刑事诉讼职权的监察、公安、司法机关的工作人员或者其聘用的人员。由于客观原因无法由符合条件的人员担任见证人的，应当在笔录材料中注明情况，并对相关活动进行全程录音录像。

4. 对妇女的人身检查应当由女工作人员或医师进行。

5. 对犯罪嫌疑人，经办案部门负责人批准，可以强制检查；对被害人，不能强制检查。

6. 进行侦查实验，禁止一切足以造成危险、侮辱人格、有伤风化的行为。

7. 对重大案件、特别重大案件的现场，应当录音录像。对一般案件现场，没有强制要求录像。

考点 35   查封、扣押物证、书证

1. 查封土地、房屋等不动产，或者船舶、航空器以及其他不宜移动的大型机器、设备等特定动产的，应当经县级以上公安机关负责人批准并制作查封决定书。

2. 查询、冻结犯罪嫌疑人的存款、汇款、证券交易结算资金、期货保证金等资金，债券、股票、基金份额和其他证券，以及股权、保单权益和其他投资权益等财产，可以要求有关单位和个人配合。对于相关财产，不得划转、转账或者以其他方式变相扣押。

3. 犯罪嫌疑人的存款、汇款、债券、股票等财产已被冻结的，不得重复冻结，但可以轮候冻结。

4. 对冻结的债券、股票、基金份额等财产，应当告知当事人或者其法定代理人、委托代理人有权申请出售。

5. 冻结存款、汇款等财产的期限为 6 个月，期满可以续期 6 个月；冻结债券、股票、基金份额等证券的期限为 2 年，期满可以续期 2 年。逾期不办理继续冻结手续的，视为自动解除冻结。

6. 对查封、扣押的财物、文件、邮件、电子邮件、电报，经查明确实与案件无关的，应当在 3 日以内解除查封、扣押。

7. 侦查人员不得代为领取返还被害人的涉案财物；找不到人或者无人领取的，涉案财物随案移送；严禁由侦查人员自行保管涉案财物。

8. 对于容易腐烂变质及其他不易保管的财物，可以根据具体情况，经县级以上公安机关负责人批准，在拍照或者录像后委托有关部门变卖、拍卖，变卖、拍卖的价款暂予保存，待诉讼终结后一并处理。

9. 对违禁品，应当依照国家有关规定处理；对于需要作为证据使用的，应当在诉讼终结后处理。

10. 冻结批准机关：

（1）一般县级公安：经县级以上公安机关负责人批准，制作协助冻结财产通知书，明确冻结财产的信息等事项，通知金融机构等单位协助办理。

（2）市级公安：冻结股权、保单权益的，应当经设区的市一级以上公安机关负责人批准。

（3）省级公安：冻结上市公司股权的，应当经省级以上公安机关负责人批准。

考点 36　辨认

1. 辨认对象：与犯罪有关的（1）犯罪嫌疑人；（2）尸体；（3）文件；（4）物品；（5）场所。辨认对象没有被害人、证人。

2. 辨认的数量：注意公安机关和检察机关的区别：

（1）公安机关：辨认犯罪嫌疑人时，被辨认的人数不得少于7人；对犯罪嫌疑人照片进行辨认的，不得少于10人的照片。辨认物品时，混杂的同类物品不得少于5件；对物品的照片进行辨认的，不得少于10个物品的照片。

（2）检察机关：辨认犯罪嫌疑人时，被辨认的人数不得少于7人，照片不得少于10张。辨认物品时，同类物品不得少于5件，照片不得少于5张。

3. 辨认尸体、现场没有数量限制。

4. 在组织辨认前，应当向辨认人详细询问被辨认对象的具体特征；禁止辨认人辨认前见到被辨认对象。

5. 对犯罪嫌疑人的辨认，辨认人不愿公开进行的，应当为其保守秘密。

6. 对辨认经过和结果，应当制作辨认笔录，由侦查人员、辨认人、见证人签名。必要时，应当对辨认过程进行录音录像。

考点 37　技术侦查

1. 需要采取技术侦查措施的，应当制作呈请采取技术侦查措施报告书，报设区的市一级以上公安机关负责人批准，制作采取技术侦查措施决定书。

2. 可以适用技术侦查的案件：公安机关在立案后，对于危害国家安全犯罪、恐怖活动犯罪、黑社会性质的组织犯罪、重大毒品犯罪或者其他严重危害社会的犯罪案件，根据侦查犯罪的需要，经过严格的批准手续，可以采取技术侦查措施。

3. 检察院对于利用职权实施的严重侵犯公民人身权利的重大犯罪案件可以决定技术侦查。

4. 批准决定自签发之日起 3 个月以内有效，每次不得超过 3 个月。无次数限制。

5. 采取技术侦查措施收集的材料在刑事诉讼中可以作为证据使用；使用技术侦查措施收集的材料作为证据时，可能危及有关人员的人身安全，或者可能产生其他严重后果的，应当采取不暴露有关人员身份和使用的技术设备、侦查方法等保护措施。

考点 38　补充侦查、补充调查

1. 在侦查阶段（审查批捕时）补充侦查，不批准逮捕的，才需要补侦。如果批捕，证明证据确实充分，此阶段无需补侦。

补侦期限：因处于侦查过程中，此阶段补充侦查不设期限。

2. 在审查起诉阶段补充侦查：（1）检察院对公安机关，即可退回公安机关补侦，也可自行补侦；（2）检察院对自己（负责侦查的部门）或者监察委，原则上退回补侦或者补调，必要时自行补侦。

补侦、补调期限：（1）如退回公安机关、检察院负责侦查的部门、监委会补充侦查或者补充调查，以 2 次为限，每次 1 个月。补侦或者补调结束后，需要重新计算审查起诉期限。（2）如检察院自行补充侦查，应当在审查起诉期限（一般案件，最长 1 个半月；符合速裁程序审理的案件，最长 15 天）内侦查完毕。

3. 在审判阶段补充侦查，只能退回检察院补侦，不能再退回公安机关或者监察机关补侦或者补调。

补侦期限：此阶段补充侦查以两次为限，每次一个月。补侦结束后，需要重新计算审判期限。

要点提炼

【专题练习】

1. 关于侦查辨认，下列哪一选项是正确的?

A. 强制猥亵案，让犯罪嫌疑人对被害人进行辨认

B. 盗窃案，让犯罪嫌疑人到现场辨认藏匿赃物的房屋

C. 故意伤害案，让犯罪嫌疑人和被害人一起对凶器进行辨认

D. 刑讯逼供案，让被害人在 4 张照片中辨认犯罪嫌疑人

2. 在朱某危险驾驶案的辩护过程中，辩护律师查看了侦查机关录制的讯问同步录像。同步录像中的下列哪些行为违反法律规定?

A. 后续讯问的侦查人员与首次讯问的侦查人员完全不同

B. 朱某请求自行书写供述，侦查人员予以拒绝

C. 首次讯问时未告知朱某可聘请律师

D. 其中一次讯问持续了 14 个小时

【专题练习答案及详解】

1. B。《公安机关办理刑事案件程序规定》第 260 条规定，辨认时，应当将辨认对象混杂在特征相类似的其他对象中，不得在辨认前向辩护人展示辨认对象及其影像资料，不得给辨认人任何暗示。辨认犯罪嫌疑人时，被辨认的人数不得少于 7 人；对犯罪嫌疑人照片进行辨认的，不得少于 10 人的照片；辨认物品时，混杂的同类物品不得少于 5 件。对场所、尸体等特定辨认对象进行辨认，或者辨认人能够准确描述物品独有特征的，陪衬物不受数量的限制。本题的 A 项让犯罪嫌疑人对被害人进行"一对一"的辨认，被辨认的对象不符合规定，该项错误。B 项辨认的对象是现场，无需混杂辨认，该项正确。《公安机关办理刑事案件程序规定》第 259 条第 2 款规定，几名辨认人对同一辨认对象进行辨认时，应当由辨认人个别进行。故 C 项集体辨认是错误的，应当个别辨认。《高检规则》第 226 条第 1 款、第 2 款、第 3 款规定，辨认时，应当将辨认对象混杂在其他对象中。不得在辨认前向辨认人展示辨认对象及其影像资料，不得给辨认人任何暗示。辨认犯罪嫌疑人时，被辨认的人数不得少于 7 人，照片不得少于 10 张。辨认物品时，同类物品不得少于 5 件，照片不得少于 5 张。D 项的刑讯逼供案是检察院侦查的案件，被辨认的照片只有 4 张，不符合规定，该项错误。本题的正确答案为 B。

2. BCD。《刑事诉讼法》以及《公安机关办理刑事案件程序规定》，在侦查中可以更换侦查人员进行讯问。故 A 项未违法。《公安机关办理刑事案件程序规定》第 207 条规定，犯罪嫌疑人请求自行书写供述的，应当准许；必要时，侦查人员也可以要求犯罪嫌疑人亲笔书写供词。犯罪嫌疑人应当在亲笔供词上逐页签名、捺指印。侦查人员收到后，应当在首页右上方写明"于某年某月某日收到"，并签名。故 B 项违法。《刑事诉讼法》第 34 条第 2 款规定，侦查机关在第一次讯问犯罪嫌疑人或者对犯罪嫌疑人采取强制措施的时候，应当告知犯罪嫌疑人有权委托辩护人。故 C 项违法。《刑事诉讼法》第 119 条第 2 款规定，传唤、拘传持续的时间不得超过 12 小时；案情特别重大、复杂，需要采取拘留、逮捕措施的，传唤、拘传持续的时间不得超过 24 小时。本案属于危险驾驶案件，不属于案情特别重大、复杂，持续时间不超过 12 小时。故 D 项属于违法。

专题十一　审查起诉

考点 39　审查程序

审查起诉的内容	人民检察院应当审查的内容： （1）犯罪事实、情节是否清楚，证据是否确实充分，犯罪性质和罪名的认定是否正确，有无法定量刑情节。 （2）有无遗漏罪行和其他应当追究刑事责任的人。 （3）是否属于不应当追究刑事责任的情形。 （4）有无附带民事诉讼。 （5）侦查活动是否合法。
	发现遗漏罪行或犯罪嫌疑人的： （1）人民检察院在办理公安机关移送起诉的案件中，发现遗漏罪行或者有依法应当移送起诉的同案犯罪嫌疑人未移送起诉的，应当要求公安机关补充侦查或者补充移送起诉。 （2）对于犯罪事实清楚，证据确实、充分的，也可以直接提起公诉。
审查起诉的期限	原则上一个半月，特殊为 10~15 日。 人民检察院对于监察机关、公安机关移送起诉的案件，应当在 1 个月以内作出决定，重大、复杂的案件，可以延长 15 日；犯罪嫌疑人认罪认罚，符合速裁程序适用条件的，应当在 10 日以内作出决定，对可能判处的有期徒刑超过 1 年的，可以延长至 15 日。

考点 40　不起诉

法定 不起诉	法定不起诉，即只能依法作出不起诉决定，检察院没有自由裁量的余地： （1）人民检察院对于监察机关或者公安机关移送起诉的案件，发现犯罪嫌疑人没有犯罪事实，或者符合《刑事诉讼法》第 16 条规定的情形之一的，经检察长批准，应当作出不起诉决定。 （2）对于犯罪事实并非犯罪嫌疑人所为，需要重新调查或者侦查的，应当在作出不起诉决定后书面说明理由，将案卷材料退回监察机关或者公安机关并建议重新调查或者侦查。
酌定 不起诉	酌定不起诉，是指人民检察院认为犯罪嫌疑人的犯罪情节轻微，依照刑法规定不需要判处刑罚或者免除刑罚的案件，经检察长批准，可以作出不起诉决定。
存疑 不起诉	存疑不起诉，是指人民检察院对于经过补充侦查的案件，仍然认为证据不足，不符合起诉条件的，可以作出不起诉决定。
	情形： （1）应当作出的情形：人民检察院对于二次退回补充调查或者补充侦查的案件，仍然认为证据不足，不符合起诉条件的，经检察长批准，依法作出不起诉决定。 （2）可以作出的情形：人民检察院对于经过一次退回补充调查或者补充侦查的案件，认为证据不足，不符合起诉条件，且没有再次退回补充调查或者补充侦查必要的，经检察长批准，可以作出不起诉决定。
	无须经退回补侦可直接作出的情形：检察院经审查发现存在非法取证行为，依法对该证据予以排除后，其他证据不能证明犯罪嫌疑人实施犯罪行为的，应当不批准或者决定逮捕。已经移送审查起诉的，可以将案件退回侦查机关补充侦查或者作出不起诉决定。
	具有下列情形之一，不能确定犯罪嫌疑人构成犯罪和需要追究刑事责任的，属于证据不足，不符合起诉条件： （1）犯罪构成要件事实缺乏必要的证据予以证明的； （2）据以定罪的证据存在疑问，无法查证属实的； （3）据以定罪的证据之间、证据与案件事实之间的矛盾不能合理排除的； （4）根据证据得出的结论具有其他可能性，不能排除合理怀疑的； （5）根据证据认定案件事实不符合逻辑和经验法则，得出的结论明显不符合常理的。
	人民检察院在发现新的证据，符合起诉条件时，可以提起公诉。

附条件不起诉	**情形**		对于未成年人涉嫌刑法分则第四章、第五章、第六章规定的侵犯人身权利、民主权利、侵犯财产、妨害社会管理秩序犯罪，可能判处 1 年有期徒刑以下刑罚，符合起诉条件，但有悔罪表现的，人民检察院可以作出附条件不起诉的决定。
	考验期及考察机关		人民检察院作出附条件不起诉决定的，应当确定考验期。考验期为 6 个月以上 1 年以下，从人民检察院作出附条件不起诉的决定之日起计算。
			（1）在附条件不起诉的考验期内，由人民检察院对被附条件不起诉的未成年犯罪嫌疑人进行监督考察。
			（2）会同其他部门：人民检察院可以会同未成年犯罪嫌疑人的监护人、所在学校、单位、居住地的村民委员会、居民委员会、未成年人保护组织等的有关人员，定期对未成年犯罪嫌疑人进行考察、教育，实施跟踪帮教。
	义务	**法定义务**	检察院对于被附条件不起诉的未成年犯罪嫌疑人，应当监督考察其是否遵守下列规定： （1）遵守法律法规，服从监督。 （2）按照规定报告自己的活动情况。 （3）离开所居住的市、县或者迁居，应当报经批准。 （4）按照要求接受矫治和教育。
		酌定义务	检察院可以要求被附条件不起诉的未成年犯罪嫌疑人接受下列矫治和教育： （1）完成戒瘾治疗、心理辅导或者其他适当的处遇措施。 （2）向社区或者公益团体提供公益劳动。 （3）不得进入特定场所，与特定的人员会见或者通信，从事特定的活动。 （4）向被害人赔偿损失、赔礼道歉等。 （5）接受相关教育。 （6）遵守其他保护被害人安全以及预防再犯的禁止性规定。
	考察后之处理		在考验期内发现有下列情形之一的，人民检察院应当撤销附条件不起诉的决定，提起公诉： （1）实施新的犯罪的。 （2）漏罪：发现决定附条件不起诉以前还有其他犯罪需要追诉的。 （3）违反治安管理规定，造成严重后果，或者多次违反治安管理规定的。 （4）违反有关附条件不起诉的监督管理规定，造成严重后果，或者多次违反有关附条件不起诉的监督管理规定的。

要点提炼

【专题练习】

1. 叶某涉嫌飞车抢夺行人财物被立案侦查。移送审查起诉后，检察院认为实施该抢夺行为的另有其人。关于本案处理，下列哪一选项是正确的？

A. 检察院可将案卷材料退回公安机关并建议公安机关撤销案件

B. 在两次退回公安机关补充侦查后，检察院应作出证据不足不起诉的决定

C. 检察院作出不起诉决定后，被害人不服向法院提起自诉，法院受理后，不起诉决定视为自动撤销

D. 如最高检察院认为对叶某的不起诉决定确有错误的，可直接撤销不起诉决定

2. 甲、乙、丙、丁四人涉嫌多次结伙盗窃，公安机关侦查终结移送审查起诉后，甲突然死亡。检察院审查后发现，甲和乙共同盗窃 1 次，数额未达刑事立案标准；乙和丙共同盗窃 1 次，数额刚达刑事立案标准；甲、丙、丁三人共同盗窃 1 次，数额巨大，但经两次退回公安机关补充侦查后仍证据不足；乙对其参与的 2 起盗窃有自首情节。关于本案，下列哪一选项是正确的？

A. 对甲可作出酌定不起诉决定

B. 对乙可作出法定不起诉决定

C. 对丙应作出证据不足不起诉决定

D. 对丁应作出证据不足不起诉决定

【专题练习答案及详解】

1. D。《高检规则》第 365 条第 2 款规定，对于犯罪事实并非犯罪嫌疑人所为，需要重新调查或者侦查的，应当在作出不起诉决定后书面说明理由，将案卷材料退回监察机关或者公安机关并建议重新调查或者侦查。据此，A 项，检察院应当将案卷材料退回公安机关并建议其重新侦查，而非建议其撤销案件，A 项错误。《高检规则》第 367 条规定，人民检察院对于二次退回补充调查或者补充侦查的案件，仍然认为证据不足，不符合起诉条件的，经检察长批准，依法作出不起诉决定。人民检察院对于经过一次退回补充调查或者补充侦查的案件，认为证据不足，不符合起诉条件，且没有再次退回补充调查或者补充侦查必要的，经检察长批准，可以作出不起诉决定。故 B 的错误在于，少了一个条件"认为证据不足，不符合起诉条件"。《高检规则》第 384 条规定，人民检察院收到人民法院受理被害人对被不起诉人起诉的通知后，应当终止复查，将作出不起诉决定所依据的有关案件材料移送人民法院。据此，法院受理被害人的自诉后，不起诉决定并不视为自动撤销，检察院应当将作出不起诉决定所依据的有关案件材料移送人民法院，C 项错误。《高检规则》第 389 条规定，最高人民检察院对地方各级人民检察院的起诉、不起诉决定，上级人民检察院对下级人民检察院的起诉、不起诉决定，发现确有错误的，应当予以撤销或者指令下级人民检察院纠正。据此，D 项正确。本题正确答案为 D。

2. D。《刑事诉讼法》第 177 条规定，犯罪嫌疑人没有犯罪事实，或者有本法第 16 条规定的情形之一的，人民检察院应当作出不起诉决定。对于犯罪情节轻微，依照刑法规定不需要判处刑罚或者免除刑罚的，人民检察院可以作出不起诉决定。本题中，对甲应当作出法定不起诉，对乙、丙可作出酌定不起诉。故 ABC 三项错误。《刑事诉讼法》第 175 条第 4 款规定，对于 2 次补充侦查的案件，人民检察院仍然认为证据不足，不符合起诉条件的，应当作出不起诉的决定。故 D 项正确。

专题十二　刑事审判概述

考点 41　刑事审判的原则

<table>
<tr><td rowspan="3">审判公开原则</td><td>旁听人员</td><td>原则上公开审理任何人都能旁听，但是精神病人、醉酒的人、未经人民法院批准的未成年人以及其他不宜旁听的人不得旁听案件审理。</td></tr>
<tr><td>例外</td><td>（1）绝对不公开的案件：①有关国家秘密的案件；②有关个人隐私的案件；③开庭审理时被告人不满 18 周岁的案件，一律不公开审理。
（2）相对不公开的案件：涉及商业秘密的案件，当事人申请不公开审理的，可以不公开审理。</td></tr>
<tr><td colspan="2"></td></tr>
<tr><td rowspan="2">直接言词原则</td><td>概念</td><td>所谓直接原则，是指法官必须与诉讼当事人和诉讼参与人直接接触，直接审查案件事实材料和证据。
所谓言词原则，是指法庭审理须以口头陈述的方式进行。</td></tr>
<tr><td>适用</td><td>（1）我国刑事诉讼法虽然没有明确规定直接言词原则，但第一审程序和第二审程序中都体现了审理的直接性和言词性原则。
（2）直接言词原则在按普通程序审理的过程中应当严格遵循，而按简易程序审理时可有例外。</td></tr>
<tr><td rowspan="2">辩论原则</td><td>概念</td><td>辩论原则是指在法庭审理中，控辩双方应以口头的方式进行辩论，法院裁判的作出应以充分的辩论为必经程序。</td></tr>
<tr><td>在我国的适用</td><td>（1）除了在法庭辩论阶段集中进行辩论以外，在法庭调查过程中，控辩双方也可以围绕某一证据的合法性、相关性问题进行辩论。
（2）法庭应当保障控辩双方有平等、充分的辩论机会。</td></tr>
</table>

集中审理原则	概念	集中审理原则，是指法院开庭审理案件，应在不更换审判人员的条件下连续进行，不得中断审理的诉讼原则。
	内容	（1）一个案件组成一个审判庭进行审理。 （2）法庭成员不可更换。 （3）集中证据调查与法庭辩论。 （4）庭审不中断并迅速作出裁判。

考点 42 审判组织

独任庭		基层法院适用简易程序、速裁程序的案件可以由审判员一人独任审判。
合议庭	合议庭的组成方式	（1）基层法院、中级法院一审程序：应当由审判员 3 人或者由审判员和人民陪审员共 3 人或者 7 人组成合议庭。 （2）高级法院一审程序：应当由审判员 3 人至 7 人或者由审判员和人民陪审员共 3 人或者 7 人组成合议庭。 （3）最高法院一审程序：最高人民法院审判第一审案件，应当由审判员 3 人至 7 人组成合议庭进行。 （4）二审程序：人民法院审判上诉和抗诉案件，由审判员 3 人或者 5 人组成合议庭进行。 （5）死刑复核：应当由审判员 3 人组成合议庭进行。
	合议庭的组成原则	合议庭的组成，应遵守以下原则： （1）合议庭的成员人数应当是单数。 （2）合议庭由审判员担任审判长。院长或者庭长参加审理案件时，由其本人担任审判长。

续表

审判委员会	组成	审判委员会由院长、庭长和资深审判员组成，参加审判委员会的成员称审判委员会委员。
	提交审委会讨论案件的特殊规定	对下列案件，合议庭应当提请院长决定提交审判委员会讨论决定： （1）高级法院、中级法院拟判处死刑立即执行的案件，以及中级法院拟判处死刑缓期执行的案件； （2）本院已经发生法律效力的判决、裁定确有错误需要再审的案件； （3）检察院依照审判监督程序提出抗诉的案件。
		对合议庭成员意见有重大分歧的案件、新类型案件、社会影响重大的案件以及其他疑难、复杂、重大的案件，合议庭认为难以作出决定的，可以提请院长决定提交审判委员会讨论决定。
		合议庭的组成人员、人民陪审员、独任审判员都可以要求合议庭将案件提请院长决定是否提交审判委员会讨论决定。
		对提请院长决定提交审判委员会讨论决定的案件，院长认为不必要的，可以建议合议庭复议一次。

【专题练习】

要点提炼

1. 开庭审判过程中，一名陪审员离开法庭处理个人事务，辩护律师提出异议并要求休庭，审判长予以拒绝，四十分钟后陪审员返回法庭继续参与审理。陪审员长时间离开法庭的行为违背下列哪一审判原则？

A. 职权主义原则　　　　　　B. 证据裁判规则

C. 直接言词原则　　　　　　D. 集中审理原则

2. 下列哪些情形下，合议庭成员不承担责任？

A. 发现了新的无罪证据，合议庭作出的判决被改判的

B. 合议庭认为审前供述虽非自愿，但能够与其他证据相印证，因此予以采纳，该供述后来被上级法院排除后而改判的

C. 辩护方提出被告人不在犯罪现场的线索和证据材料，合议庭不予调查，作出有罪判决而被改判无罪的

D. 合议庭对某一事实的认定以生效的民事判决为依据，后来该民事判决被撤销，导致刑事判决发回重审的

【专题练习答案及详解】

1. C。职权主义原则是指法官在审判过程中居于主导地位，拥有主导权的审判原则。证据裁判原则是指对于诉讼中事实的认定，应依据有关的证据作出，没有证据，不得认定事实。直接言词原则是直接原则和言词原则的合称，是指法官必须在法庭上亲自听取被告人、证人及其他诉讼参与人的陈述，案件事实和证据必须以口头方式向法庭提出，调查证据以口头辩论、质证、辨认方式进行。集中审理原则是指刑事案件的审判，原则上应是持续不间断地进行，提高效率，避免拖延。本题中，陪审员在案件审理过程中长时间无正当理由离开法庭处理个人事务，而没有在法庭上亲自听取被告人、证人及其他诉讼参与人的陈述，违背了直接言词原则，故本题选 C。

2. ABD。《最高人民法院关于进一步加强合议庭职责的若干规定》第 10 条规定，合议庭审理案件有下列情形之一的，合议庭成员不承担责任：（1）因对法律理解和认识上的偏差而导致案件被改判或者发回重审的；（2）因对案件事实和证据认识上的偏差而导致案件被改判或者发回重审的；（3）因新的证据而导致案件被改判或者发回重审的；（4）因法律修订或者政策调整而导致案件被改判或者发回重审的；（5）因裁判所依据的其他法律文书被撤销或变更而导致案件被改判或者发回重审的；（6）其他依法履行审判职责不应当承担责任的情形。因此，A 项属于上述第 3 项情形；B 项属于上述第 2 项情形；D 项属于上述第 5 项情形，合议庭成员对此均不承担责任。《人民法院审判人员违法审判责任追究办法（试行）》第 8 条规定，当事人及其诉讼代理人因客观原因不能自行收集影响案件主要事实认定的证据，请求人民法院调查收集，有关审判人员故意不予收集，导致裁判错误的，属于人民法院审判人员违法审判责任追究情形，相关人员应当承担责任。据此，C 项错误。综上，本题选 ABD。

专题十三 第一审程序

考点 43 法庭审判的基本程序

1. 庭前会议

（1）适用情形：①控辩双方对事实、证据存在较大争议的。②证据材料较多，案情重大复杂的。③社会影响重大的；④需要召开庭前会议的其他情形。

（2）针对事项：对管辖、回避、是否公开审理、排除非法证据、新证据材料、重新鉴定或者勘验、收集调取无罪或者罪轻证据、申请相关人员出庭及出庭人员名单、涉案财物权属情况及其处理建议等与审判相关的问题，了解情况，听取意见。

（3）参加主体：①召开庭前会议应当通知公诉人、辩护人到场。②庭前会议准备就非法证据排除了解情况、听取意见，或者准备询问控辩双方对证据材料的意见的，应当通知被告人到场。③有多名被告人的案件，可以根据情况确定参加庭前会议的被告人。

（4）附带民事诉讼：被害人提起附带民事诉讼的，审判人员可以在庭前会议中进行调解。

（5）证据疑问的处理：①庭前会议中，法院认为可能存在以非法方法收集证据情形的，检察院可以对证据收集的合法性进行证明。需要调查核实的，在开庭审理前进行。②经过庭前会议审查的证据，对有异议的证据，在庭审时重点调查；无异议的，庭审时举证、质证可以简化。

2. 开庭

（1）书记员负责的工作：①受审判长委托，查明公诉人、当事人、辩护人、诉讼代理人、证人及其他诉讼参与人是否到庭。②核实旁听人员中是否有证人、鉴定人、有专门知识的人。③请公诉人、辩护人、诉讼代理人及其他诉讼参与人入庭。④宣读法庭规则。⑤请审判长、审判员、人民陪审员入庭。⑥审判人员就座后，向审判长报告开庭前的准备工作已经就绪。

（2）审判长负责的工作：①审判长查明当事人是否到庭，并宣布案由。被害人、诉讼代理人经传唤或通知未到庭，不影响开庭审理的，法院可以开庭审理。辩护人经通知未到庭，被告人同意的，法院可以开庭审理，但被告人属于应当提供法律援助情形的除外。②审判长宣布合议庭组成人员、法官助理、书记员、公诉人的名单，以及辩护人、诉讼代理人、鉴定人、翻译人员等诉讼参与人的名单。③审判长应当告知当事人及其法定代理人、辩护人、诉讼代理人在法庭审理过程中依法享有下列诉讼权利：申请回避的权利；可以提出证据，申请通知新的证人到庭、调取新的证据，申请重新鉴定或者勘验；被告人可以自行辩护；被告人应当在法庭辩论终结后作最后陈述。

3. 法庭调查

（1）范围：刑事（罪责刑）；民事（赔偿）；证据（三性）。

（2）顺序：公诉人宣读起诉书→审判长询问被告人对起诉书指控的犯罪事实和罪名有无异议（有附民诉的，接着宣读诉状）→被告人、被害人陈述→讯问、发问被告人、被害人→询问证人、鉴定人→出示物证、宣读未到庭证言、鉴定意见和有关笔录。

（3）举证顺序：先控方、后辩方；先人证、后物证（先控后辩，先人后物）。

（4）发问被告人规则：除书记员外，（控、辩、审三方诉讼主体）都可以讯问、发问。除公诉人外，其他诉讼主体向被告人发问需经审判长许可。附带民诉当事人及其诉讼代理人只能就附带民事部分的事实发问，不得就刑事部分发问。

（5）合议庭对证据有疑问的，可以宣布休庭，对证据进行调查核实。法院调查核实证据，可以进行勘验、检查、查封、扣押、鉴定和查询、冻结（即没有技术侦查；侦查实验；搜查；辨认）。

4. 法庭辩论

法庭辩论应当在审判长的主持下，按照下列顺序进行：（1）公诉人发言；（2）被害人及其诉讼代理人发言；（3）被告人自行辩护；（4）辩护人辩护；（5）控辩双方进行辩论。

恢复法庭调查：在法庭辩论过程中，合议庭发现与定罪、量刑有关的新的事实，有必要调查的，审判长可以宣布恢复法庭调查，在对新的事实调查后，继续法庭辩论。

5. 被告人最后陈述

（1）被告人最后陈述权不可以剥夺，也不得由他人代为行使。未成年被告人最后陈述后，其法定代理人可以进行补充陈述。

（2）被告人在最后陈述中提出了新的事实、证据，合议庭认为可能影响正确裁判的，应当恢复法庭调查；如果被告人提出新的辩解理由，合议庭认为可能影响正确裁判的，应当恢复法庭辩论。

（3）如果被告人在最后陈述中多次重复自己的意见，法庭可以制止。

（4）陈述内容蔑视法庭、公诉人，损害他人及社会公共利益或者与本案无关的，应当制止；在公开审理的案件中，被告人最后陈述的内容涉及国家秘密、个人隐私或者商业秘密的，也应当制止。

6. 评议和宣判

评议一律秘密进行，合议庭进行评议的时候，如果意见分歧，应当按多数人的意见作出决定，但是少数人的意见应当写入笔录。宣判一律公开进行。除被告，其他诉讼主体未到庭的，不影响宣判。当庭宣判的，5日内送达判决书。定期宣判的，宣告后立即送达。

判决书送达对象：应当送达（1）检察院；（2）当事人；（3）法定代理人；（4）辩护人；（5）诉讼代理人。

考点 44　自诉案件第一审程序

1. 审查。对自诉案件，人民法院应当在 15 日内审查完毕。经审查，符合受理条件的，应当决定立案，并书面通知自诉人或者代为告诉人。

2. 审查时不符合自诉受理条件的处理。具有下列情形之一，应当说服自诉人撤回起诉；自诉人不撤回起诉，裁定不予受理：（1）不属于《刑诉解释》第 1 条规定的案件的。（2）缺乏罪证的。（3）犯罪已过追诉时效期限的。（4）被告人死亡的。（5）被告人下落不明的。

3. 立案后不符合条件的处理。对已经立案，经审查缺乏罪证的自诉案件，自诉人提不出补充证据，人民法院应当说服其撤回自诉或者裁定驳回起诉。自诉人撤回起诉或者被驳回起诉后，又提出了新的足以证明被告人有罪的证据，再次提起自诉的，人民法院应当受理。

4. 不服裁定的上诉及处理。（1）自诉人对不予受理或者驳回起诉的裁定不服的，可以提起上诉。（2）第二审人民法院查明第一审人民法院作出的不予受理裁定有错误的，应当在撤销原裁定的同时，指令第一审人民法院立案受理。（3）查明第一审人民法院驳回起诉裁定有错误的，应当在撤销原裁定的同时，指令第一审人民法院进行审理。

考点 45　简易程序

1. 适用简易程序的必备条件：（1）基层人民法院一审的案件；（2）案件事实清楚、证据充分的；（3）被告人承认自己所犯罪行，对指控的犯罪事实没有异议的；（4）被告人对适用简易程序没有异议的。

2. 具有下列情形之一的，不适用简易程序：（1）被告人是盲、聋、哑人。（2）被告人是尚未完全丧失辨认或者控制自己行为能力的精神病人。（3）有重大社会影响的。（4）共同犯罪案件中部分被告人不认罪或对适用简易程序有异议的。（5）辩护人作无罪辩护的。（6）被告人认罪但经审查认为可能不构成犯罪的。（7）不宜适用简易程序审理的其他情形。

3. 适用简易程序审理案件，在法庭审理过程中，有下列情形之一的，应当转为普通程序审理：（1）被告人的行为可能不构成犯罪的。（2）被告人可能不负刑事责任的。（3）被告人当庭对起诉指控的犯罪事实予以否认的。（4）案件事实不清、证据不足的。（5）不应当或者不宜适用简易程序的其他情形。决定转为普通程序审理的案件，审理期限应当从作出决定之日起计算。

考点 46　速裁程序

1. 基层人民法院管辖的可能判处 3 年有期徒刑以下刑罚的案件，案件事实清楚，证据确实、充分，被告人认罪认罚并同意适用速裁程序的，可以适用速裁程序，由审判员一人独任审判。人民检察院在提起公诉时，可以建议人民法院适用速裁程序。

2. 具有下列情形之一的，不适用速裁程序：（1）被告人是盲、聋、哑人的。（2）被告人是尚未完全丧失辨认或者控制自己行为能力的精神病人的。（3）被告人是未成年人的。（4）案件有重大社会影响的。（5）共同犯罪案件中部分被告人对指控的犯罪事实、罪名、量刑建议或者适用速裁程序有异议的。（6）被告人与被害人或者其法定代理人没有就附带民事诉讼赔偿等事项达成调解、和解协议的。（7）辩护人作无罪辩护的。（8）其他不宜适用速裁程序的情形。

3. 适用速裁程序审理案件，在法庭审理过程中，具有下列情形之一的，应当转为普通程序或者简易程序审理：（1）被告人的行为可能不构成犯罪或者不应当追究刑事责任的；（2）被告人违背意愿认罪认罚的；（3）被告人否认指控的犯罪事实的；（4）案件疑难、复杂或者对适用法律有重大争议的；（5）其他不宜适用速裁程序的情形。决定转为普通程序或者简易程序审理的案件，审理期限应当从作出决定之日起计算。

要点提炼

【专题练习】

1. 下列哪一案件可适用简易程序审理？

A. 甲为境外非法提供国家秘密案，情节较轻，可能判处 3 年以下有期徒刑

B. 乙抢劫案，可能判处 10 年以上有期徒刑，检察院未建议适用简易程序

C. 丙传播淫秽物品案，经审查认为，情节显著轻微，可能不构成犯罪

D. 丁暴力取证案，可能被判处拘役，丁的辩护人作无罪辩护

2. 甲、乙二人系药材公司仓库保管员，涉嫌 5 次共同盗窃其保管的名贵药材，涉案金额 40 余万元。一审开庭审理时，药材公司法定代表人丙参加庭审。经审理，法院认定了其中 4 起盗窃事实，另 1 起因证据不足未予认定，甲和乙以职务侵占罪分别被判处有期徒刑 3 年和 1 年。关于丙参与法庭审理，下列选项正确的是：

A. 丙可委托诉讼代理人参加法庭审理

B. 公诉人讯问甲和乙后，丙可就犯罪事实向甲、乙发问

C. 丙可代表药材公司在附带民事诉讼中要求甲和乙赔偿被窃的药材损失

D. 丙反对适用简易程序的，应转为普通程序审理

【专题练习答案及详解】

1. B。A 属于危害国家安全的犯罪案件，《刑事诉讼法》第 21 条规定，最低由中级法院管辖，而简易程序只有在基层法院才能适用，故该项不得适用简易程序。A 项错误。《刑事诉讼法》第 214 条规定："基层人民法院管辖的案件，符合下列条件的，可以适用简易程序审判：（一）案件事实清楚、证据充分的；（二）被告人承认自己所犯罪行，对指控的犯罪事实没有异议的；（三）被告人对适用简易程序没有异议的。人民检察院在提起公诉的时候，可以建议人民法院适用简易程序。"由此可见，检察院建议适用简易程序，并不是适用简易程序的必备条件。故 B 项可以适用简易程序。《刑诉解释》第 360 条规定："具有下列情形之一的，不适用简易程序：（一）被告人是盲、聋、哑人的；（二）被告人是尚未完全丧失辨认或者控制自己行为能力的精神病人的；（三）案件有重大社会影响的；（四）共同犯罪案件中部分被告人不认罪或者对适用简易程序有异议的；（五）辩护人作无罪辩护的；（六）被告人认罪但经审查认为可能不构成犯罪的；（七）不宜适用简易程序审理的其他情形。"C 项属于上述第 6 项情形，D 项属于上述第 5 项情形，均不适用简易程序。因此，本题的正确答案为 B。

2. AB。被害人一般是指自然人，但单位也可以成为被害人。单位被害人参与刑事诉讼时，应由其法定代表人作为代表参加刑事诉讼。法定代表人也可以委托诉讼代理人参加刑事诉讼。单位被害人在刑事诉讼中的诉讼权利和诉讼义务，与自然人作为被害人时大体相同。故 AB 项正确。《刑诉解释》第 176 条规定："被告人非法占有、处置被害人财产的，应当依法予以追缴或者责令退赔。被害人提起附带民事诉讼的，人民法院不予受理。追缴、退赔的情况，可以作为量刑情节考虑。"本案是盗窃案，属于非法占有被害人财产的犯罪。故 C 项错误。《刑事诉讼法》第 214 条规定："基层人民法院管辖的案件，符合下列条件的，可以适用简易程序审判：（一）案件事实清楚、证据充分的；（二）被告人承认自己所犯罪行，对指控的犯罪事实没有异议的；（三）被告人对适用简易程序没有异议的。人民检察院在提起公诉的时候，可以建议人民法院适用简易程序。"从此条可以看出，适用简易程序无需得到被害人同意。《刑诉解释》第 368 条第 1 款规定："适用简易程序审理案件，在法庭审理过程中，具有下列情形之一的，应当转为普通程序审理：（一）被告人的行为可能不构成犯罪的；（二）被告人可能不负刑事责任的；（三）被告人当庭对起诉指控的犯罪事实予以否认的；（四）案件事实不清、证据不足的；（五）不应当或者不宜适用简易程序的其他情形。"故 D 项错误。

专题十四　第二审程序

考点 47　第二审程序的审判原则

1. 全面审查原则

（1）针对部分事项上诉、抗诉的：既要审查上诉或者抗诉的部分，又要审查没有上诉或者抗诉的部分。

（2）针对事实、证据或法律上诉、抗诉的：既要审查一审判决认定的事实是否正确，证据是否确实、充分，又要审查一审判决适用法律是否正确。

（3）部分同案犯上诉或被抗诉的：①共同犯罪案件，只有部分被告人提出上诉，或者自诉人只对部分被告人的判决提出上诉，或者人民检察院只对部分被告人的判决提出抗诉的，第二审法院应当对全案进行审查，一并处理。②共同犯罪案件，上诉的被告人死亡，其他被告人未上诉的，第二审法院应当对死亡的被告人终止审理；但有证据证明被告人无罪，经缺席审理确认无罪的，应当判决宣告被告人无罪。具有前述规定的情形，第二审法院仍应对全案进行审查，对其他同案被告人作出判决、裁定。

（4）针对实体或程序上诉的：既要审查实体问题，又要审查程序问题。

（5）仅对刑事部分上诉、抗诉的：第二审人民法院审理对刑事部分提出上诉、抗诉，附带民事部分已经发生法律效力的案件，发现第一审判决、裁定中的附带民事部分确有错误的，应当依照审判监督程序对附带民事部分予以纠正。

（6）仅对民事部分上诉的：第二审人民法院审理对附带民事部分提出上诉，刑事部分已经发生法律效力的案件，应当对全案进行审查，并按照下列情形分别处理：①第一审判决的刑事部分并无不当的，只需就附带民事部分作出处理；②第一审判决的刑事部分确有错误的，依照审判监督程序对刑事部分进行再审，并将附带民事部分与刑事部分一并审理。

（7）审查范围的特殊规定：①法庭调查应当重点围绕新的证据以及对一审判决提出异议的事实、证据等进行；对没有异议的事实、证据和情节，可以直接确认。②被告人犯有数罪的案件，对其中事实清楚且无异议的犯罪，可以不在庭审时审理。

2. 上诉不加刑原则

（1）适用情形：①同案审理的案件，只有部分被告人上诉的，既不得加重上诉人的刑罚，也不得加重其他同案被告人的刑罚。②原判认定的罪名不当的，可以改变罪名，但不得加重刑罚或者对刑罚执行产生不利影响。③原判认定的罪数不当的，可以改变罪数，并调整刑罚，但不得加重决定执行的刑罚或者对刑罚执行产生不利影响。④原判对被告人宣告缓刑的，不得撤销缓刑或者延长缓刑考验期。⑤原判没有宣告职业禁止、禁止令的，不得增加宣告；原判宣告职业禁止、禁止令的，不得增加内容、延长期限。⑥原判对被告人判处死刑缓期执行没有限制减刑、决定终身监禁的，不得限制减刑、决定终身监禁。⑦原判判处的刑罚不当、应当适用附加刑而没有适用的，不得直接加重刑罚、适用附加刑。

（2）发回重审中的不加刑。被告方上诉、检察院未提出抗诉的案件，二审法院发回重审后，除有新的犯罪事实且检察院补充起诉的以外，原审法院也不得加重被告人的刑罚。

考点 48　第二审程序的审理

阅卷	（1）第二审人民法院应当在决定开庭审理后及时通知人民检察院查阅案卷。人民检察院应当在 1 个月以内查阅完毕。人民检察院查阅案卷的时间不计入审理期限。 （2）第二审期间，控辩双方提交新证据的，法院应当及时通知对方阅卷。	
二审的审理方式	应当开庭审理的情形	二审人民法院会选择书面审理即不开庭审理的方式，特殊情况下才会选择开庭审理： （1）被告人、自诉人及其法定代理人对第一审认定的事实、证据提出异议，可能影响定罪量刑的上诉案件。 （2）被告人被判处死刑的上诉案件。 （3）人民检察院抗诉的案件。 （4）其他应当开庭审理的案件。
	不开庭审理的情形	对上诉、抗诉案件，二审人民法院经审查，认为原判事实不清、证据不足，或者具有《刑事诉讼法》第 238 条规定的违反法定诉讼程序情形，需要发回重新审判的，可以不开庭审理。
检察院派员	检察院提出抗诉的案件或二审法院开庭审理的公诉案件，同级人民检察院都应当派员出席法庭。	
法庭辩论	法庭辩论阶段，上诉案件，先由上诉人、辩护人发言，后由检察员、诉讼代理人发言；抗诉案件，先由检察员、诉讼代理人发言，后由被告人、辩护人发言；既有上诉又有抗诉的案件，先由检察员、诉讼代理人发言，后由上诉人、辩护人发言。	

考点 49　二审的审理结果

1. 直接改判（判决）。

应当改：事实清楚，证据充分，适用法律错误或者是量刑不当的。

可以改：事实不清，证据不足，在查清事实后改判（也可发回重审）。

2. 程序违法（应当裁定撤销原判，发回重审，说明理由、依据）：（1）剥夺或者限制了当事人的法定诉讼权利，可能影响公正审判的。（2）违反《刑事诉讼法》有关公开审判的规定的。（3）违反回避制度的。（4）审判组织的组成不合法的。（5）发回重审后，原审法院没有另行组成合议庭的。

3. 判决、裁定认定被告人姓名等身份信息有误，但认定事实和适用法律正确、量刑适当的，作出生效判决、裁定的法院可以通过裁定对有关信息予以更正。

要点提炼

【专题练习】

1. 甲、乙二人系药材公司仓库保管员，涉嫌 5 次共同盗窃其保管的名贵药材，涉案金额 40 余万元。一审开庭审理时，药材公司法定代表人丙参加庭审。经审理，法院认定了其中 4 起盗窃事实，另 1 起因证据不足未予认定，甲和乙以职务侵占罪分别被判处有期徒刑 3 年和 1 年。一审判决作出后，乙以量刑过重为由提出上诉，甲未上诉，检察院未抗诉。关于本案二审程序，下列选项正确的是：

A. 二审法院受理案件后应通知同级检察院查阅案卷

B. 二审法院可审理并认定一审法院未予认定的 1 起盗窃事实

C. 二审法院审理后认为乙符合适用缓刑的条件，将乙改判为有期徒刑 2 年，缓刑 2 年

D. 二审期间，甲可另行委托辩护人为其辩护

2. 龚某因生产不符合安全标准的食品罪被一审法院判处有期徒刑 5 年，并被禁止在刑罚执行完毕之日起 3 年内从事食品加工行业。龚某以量刑畸重为由上诉，检察院未抗诉。关于本案二审，下列哪一选项是正确的？

A. 应开庭审理

B. 可维持有期徒刑 5 年的判决，并将职业禁止的期限变更为 4 年

C. 如认为原判认定罪名不当，二审法院可在维持原判刑罚不变的情况下改判为生产有害食品罪

D. 发回重审后，如检察院变更起诉罪名为生产有害食品罪，一审法院可改判并加重龚某的刑罚

【专题练习答案及详解】

1. D。《刑事诉讼法》第 235 条规定："人民检察院提出抗诉的案件或者第二审人民法院开庭审理的公诉案件，同级人民检察院都应当派员出席法庭。第二审人民法院应当在决定开庭审理后及时通知人民检察院查阅案卷。"故 A 项错误在于不是"受理案件后"而是"决定开庭审理后"。《刑事诉讼法》第 237 条第 1 款规定："第二审人民法院审理被告人或者他的法定代理人、辩护人、近亲属上诉的案件，不得加重被告人的刑罚。第二审人民法院发回原审人民法院重新审判的案件，除有新的犯罪事实，人民检察院补充起诉的以外，原审人民法院也不得加重被告人的刑罚。"本案检察院未上诉，受上诉不加刑原则的限制，第二审法院不能审理并认定一审法院未予认定的 1 起盗窃事实而加重被告人刑罚。故 B 项错误。人民检察院提出抗诉或者自诉人提出上诉的，不受前款规定的限制。故 C 项中加重了被告人的刑期，违反上诉不加刑原则，C 项错误。《刑诉解释》第 392 条规定："第二审期间，被告人除自行辩护外，还可以继续委托第一审辩护人或者另行委托辩护人辩护。共同犯罪案件，只有部分被告人提出上诉，或者自诉人只对部分被告人的判决提出上诉，或者人民检察院只对部分被告人的判决提出抗诉的，其他同案被告人也可以委托辩护人辩护。"故 D 项正确。

2. C。《刑诉解释》第 393 条规定："下列案件，根据刑事诉讼法第二百三十四条的规定，应当开庭审理：（一）被告人、自诉人及其法定代理人对第一审认定的事实、证据提出异议，可能影响定罪量刑的上诉案件；（二）被告人被判处死刑的上诉案件；（三）人民检察院抗诉的案件；（四）应当开庭审理的其他案件。被判处死刑的被告人没有上诉，同案的其他被告人上诉的案件，第二审人民法院应当开庭审理。"故 A 项错误。《刑诉解释》第 401 条规定："审理被告人或者其法定代理人、辩护人、近亲属提出上诉的案件，不得对被告人的刑罚作出实质不利的改判，并应当执行下列规定：（一）同案审理的案件，只有部分被告人上诉的，既不得加重上诉人的刑罚，也不得加重其他同案被告人的刑罚；（二）原判认定的罪名不当的，可以改变罪名，但不得加重刑罚或者对刑罚执行产生不利影响；（三）原判认定的罪数不当的，可以改变罪数，并调整刑罚，但不得加重决定执行的刑罚或者对刑罚执行产生不利影响；（四）原判对被告人宣告缓刑的，不得撤销缓刑或者延长缓刑考验期；（五）原判没有宣告职业禁止、禁止令的，不得增加宣告；原判宣告职业禁止、禁止令的，不得增加内容、延长期限；（六）原判对被告人判处死刑缓期执行没有限制减刑、决定终身监禁的，不得限制减刑、决定终身监禁；（七）原判判处的刑罚不当、应当适用附加刑而没有适用的，不得直接加重刑罚、适用附加刑。原判判处的刑罚畸轻，必须依法改判的，应当在第二审判决、裁定生效后，依照审判监督程序重新审判。人民检察院抗诉或者自诉人上诉的案件，不受前款规定的限制。"故 C 项正确，B 项错误。《刑诉解释》第 403 条第 1 款规定："被告人或者其法定代理人、辩护人、近亲属提出上诉，人民检察院未提出抗诉的案件，第二审人民法院发回重新审判后，除有新的犯罪事实且人民检察院补充起诉的以外，原审人民法院不得加重被告人的刑罚。"故 D 项错误。

专题十五 复核程序与审判监督程序

考点 50 判处死刑立即执行案件的复核程序

报请复核	一审判决的复核程序	中院一审判处死刑立即执行无上诉、无抗诉之报请复核： （1）中院报请高院：中级人民法院判处死刑的第一审案件，被告人未上诉、人民检察院未抗诉的，在上诉、抗诉期满后 10 日以内报请高级人民法院复核。 （2）高院审核：高级人民法院同意判处死刑的，应当在作出裁定后 10 日以内报请最高人民法院核准。不同意判处死刑的，应当依照第二审程序提审或者发回重新审判。
		高院一审判处死刑立即执行案件之复核：高级人民法院判处死刑的第一审案件，被告人未上诉、人民检察院未抗诉的，应当在上诉、抗诉期满后 10 日内报请最高人民法院核准。
	二审判决的复核程序	中级人民法院判处死刑的第一审案件，被告人上诉或者人民检察院抗诉，高级人民法院裁定维持的，应当在作出裁定后 10 日内报请最高人民法院核准。
复核程序		最高人民法院复核死刑案件，应当由审判员 3 人组成合议庭进行。 复核死刑案件一般要进行以下活动： （1）讯问被告人。对核准死刑的案件，应当讯问被告人，当面听取被告人的辩护意见。 （2）审查核实案卷材料。 （3）听取辩护人的意见。最高人民法院复核死刑案件，辩护律师提出要求的，应当听取辩护律师的意见。 （4）最高人民检察院提出意见。最高人民检察院可以向最高人民法院提出意见。 （5）制作复核审理报告。 （6）向最高人民检察院通报死刑复核结果。

续表

判处死刑立即执行案件复核后的处理	核准	（1）原判认定事实和适用法律正确、量刑适当、诉讼程序合法的，应裁定核准。 （2）原判认定的某一具体事实或者引用的法律条款等存在瑕疵，但判处被告人死刑并无不当的，可以在纠正后作出核准的判决、裁定。
	不予核准	原则上人命关天，所以任何一个方面出问题都应当裁定不予核准，并撤销原判，发回重新审判： （1）原判事实不清、证据不足的。 （2）复核期间出现新的影响定罪量刑的事实、证据的。 （3）原判认定事实正确、证据充分，但依法不应当判处死刑的，应当裁定不予核准，并撤销原判，发回重新审判；根据案件情况，必要时，也可以依法改判。 （4）原审违反法定诉讼程序，可能影响公正审判的。

考点 51　判处死刑缓期二年执行案件的复核程序

核准程序	高级人民法院复核死刑缓期二年执行的案件，应当由审判员 3 人组成合议庭。高院复核死缓案件，应当讯问被告人。
核准结果	高级人民法院复核死刑缓期二年执行的案件，应当按照下列情形分别办理： （1）原判认定事实和适用法律正确、量刑适当、诉讼程序合法的，应当裁定核准。 （2）原判认定的某一具体事实或者引用的法律条款等存在瑕疵，但判处被告人死刑缓期执行并无不当的，可以在纠正后作出核准的判决、裁定。 （3）原判认定事实正确，但适用法律有错误，或者量刑过重的，应当改判。 （4）原判事实不清、证据不足的，可以裁定不予核准，并撤销原判，发回重新审判，或者依法改判。 （5）复核期间出现新的影响定罪量刑的事实、证据的，可以裁定不予核准，并撤销原判，发回重新审判，或者依照《刑诉解释》第 271 条的规定，审理后依法改判。 （6）原审违反法定诉讼程序，可能影响公正审判的，应当裁定不予核准，并撤销原判，发回重新审判。 （7）高级人民法院复核死刑缓期执行案件，不得加重被告人的刑罚。

考点 52　审判监督程序

1. 审判监督程序中的申诉

（1）申诉主体：①当事人及其法定代理人、近亲属；②案外人；③律师（代为进行）。

（2）申诉时间：不超过 2 年的，刑罚执行完毕后 2 年内。超过 2 年的，①属于重大、复杂、疑难案件的；②在期限内向法院申诉，法院未受理的；③可能对原审被告人宣告无罪的。

2. 对申诉的审查处理程序

（1）向法院申诉的审查处理程序。

①一般案件审查法院：申诉由终审法院审查处理。但是，二审法院裁定准许撤回上诉的案件，申诉人对一审判决提出申诉的，可以由一审法院审查处理。

②死刑案件审查法院：对死刑案件的申诉，可以由原核准法院直接审查处理，也可以交由原审法院审查。原审法院审查后应提出报告和处理意见，层报原核准的法院审查处理。

③审查后的处理：申诉不具有法定重新审判情形的，应当说服申诉人撤回申诉；对仍然坚持申诉的，应当书面通知驳回。

④申诉被驳回的救济：对驳回申诉不服的，可以向上一级法院申诉。上一级法院经审查认为申诉不符合重新审判条件的，应当说服申诉人撤回申诉；对仍然坚持申诉的，应当驳回或者通知不予重新审判。

⑤对附带民事诉讼申诉的处理：仅就附带民事诉讼申诉的，一般不予再审立案。但有证据证明民事部分明显失当并且原审被告人有赔偿能力的除外。

（2）向检察院申诉的审查处理程序。

①审查主体：由作出生效判决、裁定的法院的同级检察院依法办理。直接向上级检察院申诉的，上级可以交由作出生效判决、裁定的法院的同级检察院受理；案情重大、疑难、复杂的，上级检察院可以直接受理。

②申诉人救济：对不服法院已经发生法律效力的判决、裁定的申诉，经两级检察院办理且省级检察院已经复查的，如果没有新的证据，检察院不再复查，但原审被告人可能被宣告无罪或者判决、裁定有其他重大错误可能的除外。

③决定抗诉的程序：检察院对已经发生法律效力的判决、裁定的申诉复查后，认为需要提请或者提出抗诉的，报请检察长决定。地方各级检察院对不服同级法院已经发生法律效力的判决、裁定的申诉复查后，认为需要提出抗诉的，应当提请上一级检察院抗诉。上级检察院对下一级检察院提请抗诉的申诉案件进行审查后，认为需要提出抗诉的，应当向同级法院提出抗诉。

3. 提起审判监督程序的主体

启动主体	方式
作出生效裁判的法院院长和审判委员会	院长应当提交审判委员会讨论决定再审。
最高法院和其他上级法院	指令下级法院再审或者提审。
最高检察院和其他上级检察院	最高检察院对各级法院,上级检察院对下级法院提出再审抗诉。(除最高检察院,只能上抗下)

【专题练习】

要点提炼

1. 段某因贩卖毒品罪被市中级法院判处死刑立即执行,段某上诉后省高级法院维持了一审判决。最高法院复核后认为,原判认定事实清楚,但量刑过重,依法不应当判处死刑,不予核准,发回省高级法院重新审判。关于省高级法院重新审判,下列哪一选项是正确的?

A. 应另行组成合议庭

B. 应由审判员 5 人组成合议庭

C. 应开庭审理

D. 可直接改判死刑缓期 2 年执行,该判决为终审判决

2. 王某因间谍罪被甲省乙市中级法院一审判处死刑,缓期 2 年执行。王某没有上诉,检察院没有抗诉。判决生效后,发现有新的证据证明原判决认定的事实确有错误。下列哪些机关有权对本案提起审判监督程序?

A. 乙市中级法院

B. 甲省高级法院

C. 甲省检察院

D. 最高检察院

【专题练习答案及详解】

1. D。《刑诉解释》第 432 条规定："最高人民法院裁定不予核准死刑，发回重新审判的案件，原审人民法院应当另行组成合议庭审理，但本解释第四百二十九条第四项、第五项规定的案件除外。"《刑诉解释》第 429 条规定："最高人民法院复核死刑案件，应当按照下列情形分别处理：（一）原判认定事实和适用法律正确、量刑适当、诉讼程序合法的，应当裁定核准；（二）原判认定的某一具体事实或者引用的法律条款等存在瑕疵，但判处被告人死刑并无不当的，可以在纠正后作出核准的判决、裁定；（三）原判事实不清、证据不足的，应当裁定不予核准，并撤销原判，发回重新审判；（四）复核期间出现新的影响定罪量刑的事实、证据的，应当裁定不予核准，并撤销原判，发回重新审判；（五）原判认定事实正确、证据充分，但依法不应当判处死刑的，应当裁定不予核准，并撤销原判，发回重新审判；根据案件情况，必要时，也可以依法改判；（六）原审违反法定诉讼程序，可能影响公正审判的，应当裁定不予核准，并撤销原判，发回重新审判。"本题中，最高法院是以"事实清楚，但量刑过重，依法不应当判处死刑"为由发回省高级法院重审，不属于应当另行组成合议庭审理的情形。故 A 项错误。高级法院是第二审法院，最高法院若发回高级法院重审，高级法院将按照第二审重新审理，作出的判决为终审判决。故 D 项正确。《刑事诉讼法》第 183 条第 4 款规定："人民法院审判上诉和抗诉案件，由审判员三人或者五人组成合议庭进行。"故 B 项表述过于绝对，B 错误。《刑诉解释》第 430 条规定："最高人民法院裁定不予核准死刑的，根据案件情况，可以发回第二审人民法院或者第一审人民法院重新审判。对最高人民法院发回第二审人民法院重新审判的案件，第二审人民法院一般不得发回第一审人民法院重新审判。第一审人民法院重新审判的，应当开庭审理。第二审人民法院重新审判的，可以直接改判；必须通过开庭查清事实、核实证据或者纠正原审程序违法的，应当开庭审理。"本题中，最高法院是以"事实清楚，但量刑过重，依法不应当判处死刑"为由发回省高级法院即第二审法院重审的，所以，高级法院重审时不属于应当开庭审理的情形。故 C 项错误。

2. BD。首先要搞清楚死缓的案件，乙市中级法院一审判决死缓后，该死缓的判决要报经甲省高级法院核准后生效。所以，本题中甲省高级法院才是作出生效裁判的法院。《刑事诉讼法》第 254 条规定，各级人民法院院长对本院已经发生法律效力的判决和裁定，如果发现在认定事实上或者在适用法律上确有错误，必须提交审判委员会处理。最高人民法院对各级人民法院已经发生法律效力的判决和裁定，上级人民法院对下级人民法院已经发生法律效力的判决和裁定，如果发现确有错误，有权提审或者指令下级人民法院再审。最高人民检察院对各级人民法院已经发生法律效力的判决和裁定，上级人民检察院对下级人民法院已经发生法律效力的判决和裁定，如果发现确有错误，有权按照审判监督程序向同级人民法院提出抗诉。本题中，只有最高人民检察院和甲省高级法院才可以提起审判监督程序。乙市中级法院是甲省高级法院的下级法院，无权提起审判监督程序。甲省检察院是甲省高级法院的同级检察院，也无权对甲省高级法院的生效裁判提起审判监督程序。因此，本题的正确答案为 BD 两项。

专题十六 执 行

考点 53 执行机关

执行机关	执行的裁判
人民法院	无罪、免除刑罚、罚金和没收财产及死刑立即执行判决。
监狱	有期徒刑（剩余刑期超过 3 个月的）、无期徒刑、死刑缓期二年执行判决。
未成年犯监狱	未成年犯判决。
公安机关	拘役、剥夺政治权利、剩余刑期不足 3 个月的有期徒刑。
社区矫正机构	管制、缓刑、假释、暂予监外执行。

考点 54 死刑立即执行判决的执行

具体执行程序		死刑执行令应当由最高人民法院院长签发。
		最高人民法院的执行死刑命令，由高级人民法院交付第一审人民法院执行。第一审人民法院接到死刑执行命令后，应当在 7 日内执行。
		在死刑缓期执行期间故意犯罪，最高人民法院核准执行死刑的，由罪犯服刑地的中级人民法院执行。
	执行死刑的场所和方法	（1）死刑可以在刑场或者指定的羁押场所内执行。 （2）死刑采用枪决或者注射等方法执行。采用注射方法执行死刑的，应当在指定的刑场或羁押场所内执行。采用枪决、注射以外的其他方法执行死刑的，应当事先层报最高人民法院批准。

暂停执行的规定	暂停执行的情形	（1）罪犯可能有其他犯罪的。 （2）共同犯罪的其他犯罪嫌疑人到案，可能影响罪犯量刑的。 （3）共同犯罪的其他罪犯被暂停或者停止执行死刑，可能影响罪犯量刑的。 （4）罪犯揭发重大犯罪事实或者有其他重大立功表现，可能需要改判的。 （5）罪犯怀孕的。 （6）判决、裁定可能有影响定罪量刑的其他错误的。
	处理程序	下级法院发现的处理程序： （1）下级人民法院在接到执行死刑命令后、执行前，发现有上述暂停情形的，应当暂停执行，并立即将请求停止执行死刑的报告和相关材料层报最高人民法院。 （2）最高人民法院经审查，认为可能影响罪犯定罪量刑的，应当裁定停止执行死刑。认为不影响的，应当决定继续执行死刑。
		最高法院发现的处理程序： （1）最高人民法院在执行死刑命令签发后、执行前，发现有上述暂停情形的，应当立即裁定停止执行死刑，并将有关材料移交下级人民法院。 （2）下级人民法院接到最高人民法院停止执行死刑的裁定后，应当会同有关部门调查核实停止执行死刑的事由，并及时将调查结果和意见层报最高人民法院审核。
		对下级人民法院报送的停止执行死刑的调查结果和意见，由最高人民法院原作出核准死刑判决、裁定的合议庭负责审查，必要时，另行组成合议庭进行审查。
	审查结果	最高人民法院对停止执行死刑的案件，应当按照下列情形分别处理： （1）确认罪犯怀孕的，应当改判。 （2）确认罪犯有其他犯罪，依法应当追诉的，应当裁定不予核准死刑，撤销原判，发回重新审判。 （3）确认原判决、裁定有错误或者罪犯有重大立功表现，需要改判的，应当裁定不予核准死刑，撤销原判，发回重新审判。 （4）确认原判决、裁定没有错误，罪犯没有重大立功表现，或者重大立功表现不影响原判决、裁定执行的，应当裁定继续执行死刑，并由院长重新签发执行死刑的命令。

考点 55　涉案财产的执行

涉案财产的范围	刑事裁判涉财产部分的执行，是指发生法律效力的刑事裁判中下列判项的执行： （1）罚金、没收财产。 （2）追缴、责令退赔违法所得。 （3）处置随案移送的赃款赃物。 （4）没收随案移送的供犯罪所用本人财物。 （5）其他应当由人民法院执行的相关涉财产的判项。
执行机关	刑事裁判涉财产部分，由第一审人民法院执行。第一审人民法院可以委托财产所在地（被执行人、被执行财产在外地）的同级人民法院执行。受托法院在执行财产刑后，应当及时将执行的财产上缴国库。
罚金的缴纳	罚金在判决规定的期限内一次或者分期缴纳。行政机关对被告人就同一事实已经处以罚款的，人民法院判处罚金时应当折抵，扣除行政处罚已执行的部分。

【专题练习】

要点提炼

1. 甲纠集他人多次在市中心寻衅滋事，造成路人乙轻伤、丙的临街商铺严重受损。甲被起诉到法院后，乙和丙提起附带民事诉讼。法院判甲有期徒刑 6 年，罚金 1 万元，赔偿乙医疗费 1 万元，赔偿丙财产损失 4 万元。判决生效交付执行后，查明甲除 1 辆汽车外无其他财产，且甲曾以该汽车抵押获取小额贷款，尚欠银行贷款 2.5 万元，银行主张优先受偿。法院以 8 万元的价格拍卖了甲的汽车。关于此 8 万元的执行顺序，下列哪一选项是正确的？

A. 医疗费→银行贷款→财产损失→罚金　　B. 医疗费→财产损失→银行贷款→罚金

C. 银行贷款→医疗费→财产损失→罚金　　D. 医疗费→财产损失→罚金→银行贷款

2. 张某居住于甲市 A 区，曾任甲市 B 区某局局长，因受贿罪被 B 区法院判处有期徒刑 5 年，执行期间突发严重疾病而被决定暂予监外执行。张某在监外执行期间违反规定，被决定收监执行。关于本案，下列哪一选项是正确的？

A. 暂予监外执行由 A 区法院决定

B. 暂予监外执行由 B 区法院决定

C. 暂予监外执行期间由 A 区司法行政机关实行社区矫正

D. 收监执行由 B 区法院决定

【专题练习答案及详解】

1. A。《最高人民法院关于刑事裁判涉财产部分执行的若干规定》第 13 条规定："被执行人在执行中同时承担刑事责任、民事责任，其财产不足以支付的，按照下列顺序执行：（一）人身损害赔偿中的医疗费用；（二）退赔被害人的损失；（三）其他民事债务；（四）罚金；（五）没收财产。债权人对执行标的依法享有优先受偿权，其主张优先受偿的，人民法院应当在前款第（一）项规定的医疗费用受偿后，予以支持。"依据此法条可知，本题的正确答案为 A。

2. C。《刑事诉讼法》第 265 条第 5 款规定，在交付执行前，暂予监外执行由交付执行的人民法院决定；在交付执行后，暂予监外执行由监狱或者看守所提出书面意见，报省级以上监狱管理机关或者设区的市一级以上公安机关批准。本题中，张某被判处有期徒刑，执行期间，张某需要监外执行，应当由省级以上监狱管理机关或者甲市公安机关批准监外执行，而不是法院。故 AB 项错误。《刑事诉讼法》第 269 条规定，对被判处管制、宣告缓刑、假释或者暂予监外执行的罪犯，依法实行社区矫正，由社区矫正机构负责执行。《社区矫正法实施办法》第 10 条规定，司法所根据社区矫正机构的委托，承担社区矫正相关工作。故 C 项正确。《全国人民代表大会常务委员会关于〈中华人民共和国刑事诉讼法〉第二百五十四条第五款、第二百五十七条第二款的解释》规定："根据刑事诉讼法第二百五十七条①第二款的规定，对人民法院决定暂予监外执行的罪犯，有刑事诉讼法第二百五十七条②第一款规定的情形，依法应当予以收监的，在人民法院作出决定后，由公安机关依照刑事诉讼法第二百五十三条③第二款的规定送交执行刑罚。"本题中，不是法院决定监外执行，因而也不是法院决定收监执行。故 D 项错误。本题的正确答案为 C。

---

① 现为 2018 年《刑事诉讼法》第 268 条。
② 现为 2018 年《刑事诉讼法》第 268 条。
③ 现为 2018 年《刑事诉讼法》第 264 条。

专题十七 特别程序

考点 56 未成年人刑事案件诉讼程序

必须查明准确出生日期		对于未成年人刑事案件，不论是立案阶段，还是侦查、起诉及审判活动，都必须重点查明犯罪嫌疑人、被告人确切的出生时间，因为年龄因素很可能决定着是否应当追究刑事责任。
检察院对未成年人案件的特殊规定	**与法定代理人、近亲属的会见、通话权**	移送审查起诉的案件检察人员可以安排在押的未成年犯罪嫌疑人与其法定代理人、近亲属等进行会见、通话，但必须符合以下条件： （1）其法定代理人、近亲属等与本案无牵连的； （2）经公安机关同意； （3）具有以下情形之一：①案件事实已基本查清，主要证据确实、充分，安排会见、通话不会影响诉讼活动正常进行；②未成年犯罪嫌疑人有认罪、悔罪表现，或者虽尚未认罪、悔罪，但通过会见、通话有可能促使其转化，或者通过会见、通话有利于社会、家庭稳定；③未成年犯罪嫌疑人的法定代理人、近亲属对其犯罪原因、社会危害性以及后果有一定的认识，并能配合司法机关进行教育。 会见、通话时检察人员可以在场。
	建议简易程序的适用	对于符合适用简易程序审理条件的未成年人刑事案件，人民检察院应当在提起公诉时向人民法院提出适用简易程序审理的建议。
	缓刑的建议适用	人民检察院应当建议人民法院适用缓刑的条件： （1）依法可能判处拘役、3 年以下有期徒刑； （2）有悔罪表现； （3）宣告缓刑对所居住社区没有重大不良影响； （4）具备有效监护条件或者社会帮教措施； （5）适用缓刑确实不致再危害社会的未成年被告人；

检察院对未成年人案件的特殊规定	缓刑的建议适用	（6）需要符合以下情形之一：①犯罪情节较轻，未造成严重后果的；②主观恶性不大的初犯或者胁从犯、从犯；③被害人同意和解或者被害人有明显过错的；④其他可以适用缓刑的情节。
		建议宣告缓刑，可以根据犯罪情况，同时建议禁止未成年被告人在缓刑考验期限内从事特定活动，进入特定区域、场所，接触特定的人。
社会调查		公安机关、人民检察院、人民法院办理未成年人刑事案件，根据情况可以对未成年犯罪嫌疑人、被告人的成长经历、犯罪原因、监护教育等情况进行调查。
		人民检察院开展社会调查，可自行进行，也可以委托有关组织和机构进行。人民检察院应当对公安机关移送的社会调查报告进行审查，必要时可以进行补充调查。人民检察院制作的社会调查报告应当随案移送人民法院。
		对人民检察院移送的关于未成年被告人性格特点、家庭情况、社会交往、成长经历、犯罪原因、犯罪前后的表现、监护教育等情况的调查报告，以及辩护人提交的反映未成年被告人上述情况的书面材料，法庭应当接受。必要时，人民法院可以委托社区矫正机构、共青团、社会组织等对未成年被告人的上述情况进行调查，或者自行调查。法院可以通知作出调查报告的人员出庭说明情况，接受控辩双方和法庭的询问。
犯罪记录的封存		犯罪的时候不满 18 周岁，被判处 5 年有期徒刑以下刑罚的，应当对相关犯罪记录予以封存。
		犯罪记录被封存的，不得向任何单位和个人提供，但司法机关为办案需要或者有关单位根据国家规定进行查询的除外。依法进行查询的单位，应当对被封存的犯罪记录的情况予以保密。
		对被封存犯罪记录的未成年人，符合下列条件之一的，应当对其犯罪记录解除封存： （1）实施新的犯罪，且新罪与封存记录之罪数罪并罚后被决定执行 5 年有期徒刑以上刑罚的； （2）发现漏罪，且漏罪与封存记录之罪数罪并罚后被决定执行 5 年有期徒刑以上刑罚的。

考点 57　当事人和解的公诉案件诉讼程序

刑事和解的适用条件	（1）适用刑事和解的公诉案件应当满足以下三个方面的条件：①犯罪嫌疑人、被告人真诚悔罪。②获得被害人谅解。③被害人自愿和解。 （2）可以适用刑事和解的情形：①因民间纠纷引起，涉嫌刑法分则第四、五章规定的犯罪案件，可能判处 3 年有期徒刑以下刑罚的。②除渎职犯罪以外的可能判处 7 年有期徒刑以下刑罚的过失犯罪案件。 （3）不可以适用和解的情形：犯罪嫌疑人、被告人在 5 年以内曾经故意犯罪。		
达成和解的主体	对符合条件的案件，事实清楚、证据充分的，人民法院应当告知当事人可以自行和解；当事人提出申请的，人民法院可以主持双方当事人协商以达成和解。根据案件情况，人民法院可以邀请人民调解员、辩护人、诉讼代理人、当事人亲友等参与促成双方当事人和解。		
刑事和解的程序规则	自愿性、合法性审查	经审查，和解自愿、合法的，予以确认，无需重新制作和解协议书；和解违反自愿性、合法性的，应当认定无效。和解协议被认定无效后，双方当事人重新达成和解的，人民法院应当主持制作新的和解协议书。	
	和解协议书的制作	（1）公安机关、人民检察院和人民法院都可以主持制作和解协议书。 （2）和解协议书应当由双方当事人和审判人员签名，但不加盖人民法院印章（检察院也不盖章，且办案人员不签字）。 （3）对和解协议中的赔偿损失内容，双方当事人要求保密的，人民法院应当准许。	
	刑事和解协议的效力	刑事和解协议可以作为从宽处罚的依据	公安机关的处理：对于达成和解协议的案件，公安机关可以向人民检察院提出从宽处理的建议。
			检察院的处理： （1）可以不批捕；在审查起诉阶段可以依法变更强制措施。 （2）符合法律规定的不起诉条件的，可以决定不起诉。 （3）对于依法应当提起公诉的，人民检察院可以向人民法院提出从宽处罚的量刑建议。

刑事和解的程序规则	刑事和解协议的效力	刑事和解协议可以作为从宽处罚的依据	人民法院的处理： （1）对达成和解协议的案件，人民法院应当对被告人从轻处罚。 （2）符合非监禁刑适用条件的，应当适用非监禁刑。 （3）判处法定最低刑仍然过重的，可以减轻处罚。 综合全案认为犯罪情节轻微不需要判处刑罚的，可以免除刑事处罚。 共同犯罪案件，部分被告人与被害人达成和解协议的，可以依法对该部分被告人从宽处罚，但应当注意全案的量刑平衡。
		刑事和解有拘束双方当事人的效力	（1）和解协议书约定的赔偿损失内容，确实难以一次性履行的，在提供有效担保并且被害人同意的情况下，也可以分期履行。 （2）和解协议约定的赔偿损失内容，被告人应当在协议签署后即时履行。 （3）和解协议已经全部履行，当事人反悔的，人民法院不予支持，但有证据证明和解违反自愿、合法原则的除外。
		可以阻隔附带民事诉讼	双方当事人在侦查、审查起诉期间已经达成和解协议并全部履行，被害人或者其法定代理人、近亲属又提起附带民事诉讼的，人民法院不予受理，但有证据证明和解违反自愿、合法原则的除外。
	刑事和解协议的无效		（1）应当认定和解协议无效的情形：①犯罪嫌疑人或者其亲友等以暴力、威胁、欺骗或者其他非法方法强迫、引诱被害人和解。②在协议履行完毕之后威胁、报复被害人的。 （2）已经作出不批准逮捕或者不起诉决定的，人民检察院根据案件情况可以撤销原决定，对犯罪嫌疑人批准逮捕或者提起公诉。

考点 58　适用缺席审判的案件范围

应当缺席审判	（1）贪污贿赂案件（刑法分则第八章），犯罪嫌疑人、被告人在境外的。 （2）需要及时进行审判，经过最高检察院核准的严重危害国家安全的犯罪和恐怖活动犯罪的案件，犯罪嫌疑人、被告人在境外的。 （3）被告人死亡的，法院应当裁定终止审理，但有证据证明被告人无罪的。 包括，依法认定无罪；证据不足，不能认定有罪的情形。

可以 缺席审判	（1）因被告人患有严重疾病无法出庭，中止审理超过6个月，被告人仍无法出庭，被告人及其法定代理人、近亲属申请或者同意恢复审理的。 （2）法院按照审判监督程序重新审判的案件，被告人已经死亡的。 经缺席审理确认被告人无罪的，应当判决宣告无罪；构成犯罪，但量刑畸重，应当依法作出判决。

考点 59　缺席审判被告人权利的保障

管辖	由犯罪地、被告人离境前居住地或者最高人民法院指定的中级人民法院组成合议庭进行审理。
起诉状送达	被告人在境外的，法院应当通过有关国际条约规定的或者外交途径提出的司法协助方式，或者被告人所在地法律允许的其他方式，将传票和检察院的起诉书副本送达被告人。传票应当载明被告人到案期限以及不按要求到案的法律后果等事项
辩　护	人民法院审理出逃境外缺席审理案件，被告人有权委托或者由近亲属代为委托一至二名辩护人。委托律师担任辩护人的，应当委托具有中国律师资格并依法取得执业证书的律师；在境外委托的，应当依法对授权委托进行公证、认证。 被告人及其近亲属没有委托辩护人的，人民法院应当通知法律援助机构指派律师为被告人提供辩护。
救济途径	人民法院应当将判决书送达被告人及其近亲属、辩护人。被告人或者其近亲属不服判决的，有权向上一级人民法院上诉。辩护人经被告人或者其近亲属同意，可以提出上诉。
归案之处理	法院须重新审理的情形： （1）在审理过程中，被告人自动投案或者被抓获的，人民法院应当重新审理。 （2）罪犯在判决、裁定发生法律效力后到案的，人民法院应当将罪犯交付执行刑罚。交付执行刑罚前，人民法院应当告知罪犯有权对判决、裁定提出异议。罪犯对判决、裁定提出异议的，人民法院应当重新审理。 审查起诉期间归案： （1）审查起诉期间，犯罪嫌疑人自动投案或者被抓获的，人民检察院应当重新审查。 （2）对严重危害国家安全犯罪、恐怖活动犯罪案件报请核准期间，犯罪嫌疑人自动投案或者被抓获的，报请核准的人民检察院应当及时撤回报请，重新审查案件。

考点 60　犯罪嫌疑人、被告人逃匿、死亡案件违法所得的没收程序

1. 适用于两类人：（1）重大犯罪、通缉 1 年，应当追缴。（2）已经死亡，应当追缴。

"重大"犯罪案件是指在省、自治区、直辖市或者全国范围内具有较大影响的犯罪案件，或者犯罪嫌疑人、被告人逃匿境外的犯罪案件。

2. 没收违法所得的案件由犯罪地或犯罪嫌疑人、被告人居住地的中级法院组成合议庭进行审理。

3. 法院确定开庭日期后，应当将开庭的时间、地点通知检察院、利害关系人及其诉讼代理人、证人、鉴定人员、翻译人员。通知书应当至迟在开庭审理 3 日以前送达；受送达人在境外的，至迟在开庭审理 30 日以前送达。

4. 犯罪嫌疑人、被告人的近亲属和其他利害关系人有权在公告期内申请参加诉讼，也可以委托诉讼代理人参加诉讼。

5. 犯罪嫌疑人、被告人的近亲属应当提供其与犯罪嫌疑人、被告人关系的证明材料，其他利害关系人应当提供申请没收的财产系其所有的证据材料。

6. 犯罪嫌疑人、被告人的近亲属和其他利害关系人在公告期满后申请参加诉讼，能够合理说明原因，并提供证明申请没收的财产系其所有的证据材料的，法院应当准许。

7. 利害关系人参加诉讼的，法院应当开庭审理；没有参加诉讼的，可以不开庭审理；开庭审理的，检察院应当派员出席法庭。

8. 在审理过程中，在逃的犯罪嫌疑人、被告人自动投案或者被抓获的，法院应当终止审理。人民检察院向原受理申请的人民法院提起公诉的，可以由同一审判组织审理。

9. 巨额财产来源不明犯罪案件中，没有利害关系人对违法所得及其他涉案财产主张权利，或者利害关系人对违法所得及其他涉案财产虽然主张权利但提供的证据没有达到相应证明标准的，应当视为"申请没收的财产属于违法所得及其他涉案财产"，应当没收。

10. 犯罪嫌疑人、被告人的近亲属和其他利害关系人或者检察院可以提出上诉、抗诉。上诉、抗诉期限为 5 日。

考点 61　依法不负刑事责任的精神病人的强制医疗程序

1. 实施暴力行为，危害公共安全或者严重危害公民人身安全，社会危害性已经达到犯罪程度，但经法定程序鉴定依法不负刑事责任的精神病人，有继续危害社会可能的，可予以强制医疗。

2. 根据规定对精神病人强制医疗的，由人民法院决定。

3. 人民法院审理强制医疗案件，应当通知被申请人或者被告人的法定代理人到场。

4. 审理强制医疗案件，应当组成合议庭，开庭审理。但是，被申请人、被告人的法定代理人请求不开庭审理，并经人民法院审查同意的除外。

5. 人民法院经审理，对于被申请人或者被告人符合强制医疗条件的，应当在 1 个月以内作出强制医疗的决定。

6. 被决定强制医疗的人、被害人及其法定代理人、近亲属对强制医疗决定不服的，可以自收到决定书第二日起 5 日以内向上一级人民法院申请复议。复议期间不停止执行强制医疗的决定。

7. 强制医疗机构应当定期对被强制医疗的人进行诊断评估。对于已不具有人身危险性，不需要继续强制医疗的，应当及时提出解除意见，报决定强制医疗的人民法院批准。

8. 被强制医疗的人及其近亲属申请解除强制医疗的，应当向决定强制医疗的人民法院提出。

9. 被强制医疗的人及其近亲属提出的解除强制医疗申请被人民法院驳回，6 个月后再次提出申请的，人民法院应当受理。

10. 人民检察院认为强制医疗决定或者解除强制医疗决定不当，在收到决定书后 20 日以内提出书面纠正意见的，人民法院应当另行组成合议庭审理，并在 1 个月以内作出决定。

【专题练习】

要点提炼

1. 未成年人小周涉嫌故意伤害被取保候审，A 县检察院审查起诉后决定对其适用附条件不起诉，监督考察期限为 6 个月。关于本案处理，下列哪一选项是正确的？

A. 作出附条件不起诉决定后，应释放小周

B. 本案审查起诉期限自作出附条件不起诉决定之日起中止

C. 监督考察期间，如小周经批准迁居 B 县继续上学，改由 B 县检察院负责监督考察

D. 监督考察期间，如小周严格遵守各项规定，表现优异，可将考察期限缩短为 5 个月

2. 董某（17 岁）在某景点旅游时，点燃荒草不慎引起大火烧毁集体所有的大风公司林地，致大风公司损失 5 万元，被检察院提起公诉。关于本案处理，下列哪一选项是正确的？

A. 如大风公司未提起附带民事诉讼，检察院可代为提起，并将大风公司列为附带民事诉讼原告人

B. 董某与大风公司既可就是否对董某免除刑事处分达成和解，也可就民事赔偿达成和解

C. 双方刑事和解时可约定由董某在 1 年内补栽树苗 200 棵

D. 如双方达成刑事和解，检察院经法院同意可撤回起诉并对董某适用附条件不起诉

3. 关于缺席审理程序，下列说法正确的是：

A. 具有终局性的特点，是两审终审的例外

要点提炼

B. 是诉讼效率原则的体现

C. 是亲历性的例外

D. 是控审分离的例外

4. 下列哪一选项不属于犯罪嫌疑人、被告人逃匿、死亡案件违法所得没收程序中的"违法所得及其他涉案财产"？

A. 刘某恐怖活动犯罪案件中从其住处搜出的管制刀具

B. 赵某贪污案赃款存入银行所得的利息

C. 王某恐怖活动犯罪案件中制造爆炸装置使用的所在单位的仪器和设备

D. 周某贿赂案受贿所得的古玩

5. 甲在公共场所实施暴力行为，经鉴定为不负刑事责任的精神病人，被县法院决定强制医疗。甲父对决定不服向市中级法院申请复议，市中级法院审理后驳回申请，维持原决定。关于本案处理，下列哪一选项是正确的？

A. 复议期间可暂缓执行强制医疗决定，但应采取临时的保护性约束措施

B. 应由公安机关将甲送交强制医疗

C. 强制医疗 6 个月后，甲父才能申请解除强制医疗

D. 申请解除强制医疗应向市中级法院提出

【专题练习答案及详解】

1. B。《人民检察院办理未成年人刑事案件的规定》第34条规定："未成年犯罪嫌疑人在押的，作出附条件不起诉决定后，人民检察院应当作出释放或者变更强制措施的决定。"故A项错误。《人民检察院办理未成年人刑事案件的规定》第45条第3款规定："作出附条件不起诉决定的案件，审查起诉期限自人民检察院作出附条件不起诉决定之日起中止计算，自考验期限届满之日起或者人民检察院作出撤销附条件不起诉决定之日起恢复计算。"故B项正确。《人民检察院办理未成年人刑事案件的规定》第44条规定："未成年犯罪嫌疑人经批准离开所居住的市、县或者迁居，作出附条件不起诉决定的人民检察院可以要求迁入地的人民检察院协助进行考察，并将考察结果函告作出附条件不起诉决定的人民检察院。"据此，本题中的监督考察机关应当是A县检察院。在小周经批准迁居B县后，A县检察院可以要求B县检察院协助进行考察，而不是改由B县负责监督考察。故C项错误。《人民检察院办理未成年人刑事案件的规定》第40条第1款规定："人民检察院决定附条件不起诉的，应当确定考验期。考验期为六个月以上一年以下，从人民检察院作出附条件不起诉的决定之日起计算。考验期不计入案件审查起诉期限。"附条件不起诉考验期的法定期限为6个月以上1年以下，5个月少于法定期限，故D项错误。

2. C。《刑诉解释》第179条第1款、第2款规定："国家财产、集体财产遭受损失，受损失的单位未提起附带民事诉讼，人民检察院在提起公诉时提起附带民事诉讼的，人民法院应当受理。人民检察院提起附带民事诉讼的，应当列为附带民事诉讼原告人。"本题中A项错误在于，不是将大风公司列为附带民事诉讼原告人，而是将检察院列为附带民事诉讼原告人。《高检规则》第495条规定："双方当事人可以就赔偿损失、赔礼道歉等民事责任事项进行和解，并且可以就被害人及其法定代理人或者近亲属是否要求或者同意公安机关、人民检察院、人民法院对犯罪嫌疑人依法从宽处理进行协商，但不得对案件的事实认定、证据采信、法律适用和定罪量刑等依法属于公安机关、人民检察院、人民法院职权范围的事宜进行协商。"故B项错误在于，"是否对董某免除刑事处分"这是量刑问题，不得和解。《刑事诉讼法》第288条规定："下列公诉案件，犯罪嫌疑人、被告人真诚悔罪，通过向被害人赔偿损失、赔礼道歉等方式获得被害人谅解，被害人自愿和解的，双方当事人可以和解：……"和解方式包括向被害人赔偿损失、赔礼道歉等方式，这里的"等方式"就包括提供劳务的方式。故C项正确。《刑诉解释》第596条第1款规定："对达成和解协议的案件，人民法院应当对被告人从轻处罚；符合非监禁刑适用条件的，应当适用非监禁刑；判处法定最低刑仍然过重的，可以减轻处罚；综合全案认为犯罪情节轻微不需要判处刑罚的，可以免予刑事处罚。"故D项错误。

3. B。《刑事诉讼法》第291条第1款规定："对于贪污贿赂犯罪案件，以及需要及时进行审判，经最高人民检察院核准的严重危害国家安全犯罪、恐怖活动犯罪案件，犯罪嫌疑人、被告人在境外，监察机关、公安机关移送起诉，人民检察院认为犯罪事实已经查清，证据确实、充分，依法应当追究刑事责任的，可以向人民法院提起公诉。人民法院进行审查后，对于起诉书中有明确的指控犯罪事实，符合缺席审判程序适用条件的，应当决定开庭审判。"同时对于重病中止超过6个月的案件、被告人死亡的特殊案件可以适用缺席判决程序。设立缺席审判程序体现了诉讼的效率，所以 B 项正确。所谓的两审终审制指的是一个案件最多经过两级人民法院审理即告终结，二审的裁判结果具有终局性。对于一审的裁判结果不服可上诉至二审人民法院。《刑事诉讼法》第 294 条规定："人民法院应当将判决书送达被告人及其近亲属、辩护人。被告人或者其近亲属不服判决的，有权向上一级人民法院上诉。辩护人经被告人或者其近亲属同意，可以提出上诉。人民检察院认为人民法院的判决确有错误的，应当向上一级人民法院提出抗诉。"缺席审理程序依然遵守两审终审的规定，所以 A 项错误。亲历性是指案件的裁判者必须自始至终参与审理，审查所有证据，对案件作出判决须以充分听取控辩双方的意见为前提。主要强调的是裁判者必须亲自到场，而缺席程序只有被告人是不在的，且为了维护其辩护权，法院必须为其指定法律援助辩护。所以并没有违反亲历性的要求。C 项错误。控审分离指的是提起诉讼的主体与审理的主体应当由不同的主体承担，以此保障裁判结果的公正性，对于起诉与审判的关系二者之间应当遵循不告不理的规则。缺席判决程序依然要遵循检察院公诉，人民法院审理作出判决，所以其体现了控审分离的特点。D 项错误。

4. C。《高检规则》第 515 条规定："犯罪嫌疑人、被告人通过实施犯罪直接或者间接产生、获得的任何财产，应当认定为'违法所得'。违法所得已经部分或者全部转变、转化为其他财产的，转变、转化后的财产应当视为前款规定的'违法所得'。来自违法所得转变、转化后的财产收益，或者来自已经与违法所得相混合财产中违法所得相应部分的收益，也应当视为第一款规定的违法所得。"《高检规则》第 516 条规定："犯罪嫌疑人、被告人非法持有的违禁品、供犯罪所用的本人财物，应当认定为'其他涉案财产'。"本题中，A 项属于被告人非法持有的"违禁品"，B 项属于实施犯罪行为所取得的孳息，D 项属于实施犯罪行为所取得的财物，以上均属于"违法所得及其他涉案财产"。C 项属于供犯罪所用的单位的财物，而非其本人财物，所以不属于"违法所得及其他涉案财产"。本题符合题意的选项是 C。

5. B。《刑诉解释》第 642 条规定："被决定强制医疗的人、被害人及其法定代理人、近亲属对强制医疗决定不服，可以自收到决定书第二日起五日以内向上一级人民法院申请复议。复议期间不停止执行强制医疗的决定。"故 A 项错误。《刑诉解释》第 641 条规定："人民法院决定强制医疗的，应当在作出决定后五日以内，向公安机关送达强制医疗决定书和强制医疗执行通知书，由公安机关将被决定强制医疗的人送交强制医疗。"故 B 项正确。《刑诉解释》第 645 条规定："被强制医疗的人及其近亲属申请解除强制医疗的，应当向决定强制医疗的人民法院提出。被强制医疗的人及其近亲属提出的解除强制医疗申请被人民法院驳回，六个月后再次提出申请的，人民法院应当受理。"故 C 项错误在于"解除强制医疗的申请被驳回后"才能 6 个月后再次申请解除强制医疗。D 项错误在于，申请解除强制医疗应向决定强制医疗的人民法院即县法院而不是市中级法院提出。本题的正确答案为 B。

专题十八 刑事诉讼数字记忆

（一）侦查阶段的期限规定以及相关数字

1. 公安司法机关应当遵守的期限

（1）对不服驳回回避申请的决定进行复议，应当在 5 日内作出复议决定。

（2）律师提出会见犯罪嫌疑人的，看守所应当及时安排会见，至迟不得超过 48 小时；对于部分重大案件（危害国家安全犯罪、恐怖活动犯罪），在侦查期间辩护律师会见在押的犯罪嫌疑人，应当经侦查机关许可。

（3）强制措施的期限：一次拘传持续的时间不得超过 12 小时；监视居住最长不得超过 6 个月；取保候审最长不得超过 12 个月。

（4）提请批捕的期限：

①公安机关应当在拘留后的 3 日内提请批准，特殊情况下可以延长 1~4 日；对于流窜作案、多次作案、结伙作案的重大嫌疑分子，可以延长至 30 日。

②检察院应当在接到公安机关提请批准逮捕书的 7 日内，作出决定。

③检察院直接受理的案件对被拘留的人认为需要逮捕的，应当在 14 日内作出决定。特殊情况下可以延长 1~3 日。

记忆技巧：

公：3+7	检：14
或 3+（1~4）+7	或 14+（1~3）
或 30+7	

④对于未被拘留的犯罪嫌疑人，公安机关提请批准逮捕的，检察院应当在 15 日内作出决定，重大、复杂的案件，不得超过 20 日。

（5）公安机关不同意不批准逮捕决定的：

检察院不批准逮捕决定→（5 日）公安机关向同级人民检察院要求复议→（7 日）作出复议决定→（5 日）公安机关向上一级人民检察院提请复核→（15 日）作出复核决定。

（6）执行逮捕后的处理：

应当在 24 小时内向有关人员通知逮捕的原因和羁押的处所；并且必须在 24 小时内对被逮捕人进行讯问。

（7）侦查羁押的期限：

	时限	情形	批准机关
基本规定	2 个月		
延长	延长 1 个月	复杂、期限届满不能终结	上一级人民检察院
延长	延长 2 个月	"四类案件"： ①交通十分不便的边远地区的重大复杂案件； ②重大的犯罪集团案件； ③流窜作案的重大复杂案件； ④犯罪涉及面广，取证困难的重大复杂案件。	省、自治区、直辖市人民检察院
延长	延长 2 个月	犯罪嫌疑人可能判处 10 年有期徒刑以上刑罚，依照上述规定延长期限届满，仍不能侦查终结。	省、自治区、直辖市人民检察院
特殊情形		在较长时间内不宜交付审判的特别重大复杂的案件。	最高人民检察院报请全国人民代表大会常务委员会批准延期审理

（**简化**：2 个月→3 个月→5 个月→7 个月）

2. 诉讼参与人应当遵守的期限

对驳回回避申请的决定不服的，可在收到决定书后 5 日内向原决定机关申请复议一次。

（二） 审查起诉阶段的期限规定以及相关数字

1. 办案机关应当遵守的期限

（1）补充侦查：公安机关应当在 1 **个月**内补充侦查完毕；补充侦查以 2 次为限。

（2）补充调查：对于监察机关移送起诉的案件，人民检察院经审查认为需要补充核实的，应当退回监察机关补充调查，必要时可以自行补充调查。补充调查应当在 1 个月内补充调查完毕；补充调查以 2 次为限。

（3）检察院应在收到移送起诉案卷材料之日起 3 日内告知犯罪嫌疑人有权委托辩护人。

（4）审查起诉期限：应当在 1 **个月**内作出决定，重大、复杂的案件，1 个月以内不能作出决定的，可以延长 15 日。

犯罪嫌疑人认罪认罚，符合速裁程序适用条件的，应当在 10 日以内作出决定，对可能判处的有期徒刑超过 1 年的，可以延长至 15 日。

即 1 个月→1.5 个月；速裁程序：10 日→15 日

（5） 检察院应当在收到公安机关对不起诉决定的复议申请后 30 日内作出复议决定。

上一级检察院应当在收到报请复核意见后的 30 日内作出决定。

2. 诉讼参与人应当遵守的期限

（1） 被害人可以自收到不起诉决定书后 7 日内向上一级检察院申诉。

（2） 被不起诉人对酌定不起诉决定如果不服，可以自收到决定书后 7 日内向检察院申诉。

（三） 一审程序、二审程序、再审程序中的期限规定以及相关数字

1. 法院自受理案件之日起 3 日内，应当告知被告人可以委托辩护人。

2. 法院自受理自诉案件之日起 3 日内，应告知自诉人及其法定代理人、附带民事诉讼的当事人及其法定代理人有权委托诉讼代理人。

3. 不服判决的上诉、抗诉的期限为 10 日；不服裁定的上诉和抗诉的期限为 5 日，自接到判决书、裁定书的第 2 日起算。

（民事诉讼：不服判决书的上诉期为 15 日，不服裁定书的上诉期为 10 日。）

4. 被害人及其法定代理人，不服一审判决的，有权自收到判决书 5 日内，请求检察院提出抗诉，检察院应当在收到请求后 5 日内，作出是否抗诉的决定并答复请求人。

5. 简易程序、速裁程序与自诉案件的审限

	简易程序	速裁程序	自诉案件
审限	受理后 20 日内审结，对可能判处的有期徒刑超过 3 年的，可以延长至 1 个半月。	受理后 10 日以内审结；对可能判处的有期徒刑超过 1 年的，可延长至 15 日。	（1） 15 日内作出是否立案的决定。 （2） 被告人被羁押的，在受理后 2 个月内宣判，至迟不得超过 3 个月。对于可能判处死刑的案件或者附带民事诉讼的案件，以及有《刑事诉讼法》第 158 条规定情形之一的，经上一级法院批准，可以延长 3 个月。因特殊情况还需要延长的，报请最高人民法院批准。 （即 2 个月→3 个月→6 个月） （3） 被告人未被羁押的，在受理后 6 个月内宣判。

6. 一审程序与二审程序的审限

	一审	二审
一般规定	公诉案件，应当在受理后 2 个月内宣判，至迟不得超过 3 个月。	上诉、抗诉案件，应当在 2 个月内审结。
延长	可能判处死刑的案件或者附带民事诉讼案件，以及《刑事诉讼法》第 158 条规定的"四类案件"，经上一级人民法院批准，可以再延长 3 个月；因特殊情况还需要延长的，报请最高人民法院批准。	对可能判处死刑的案件或者附带民事诉讼的案件，以及《刑事诉讼法》第 158 条规定的"四类案件"，经省、自治区、直辖市高级人民法院批准或者决定，可以延长 2 个月；因特殊情况还需要延长的，报请最高人民法院批准。最高人民法院受理的上诉、抗诉案件的审理期限，由最高人民法院决定。

简化：一审：2 个月→3 个月→6 个月
　　　　二审：2 个月→4 个月

特别提示：开庭审理第二审公诉案件，应当在决定开庭审理后及时通知人民检察院查阅案卷。人民检察院查阅案卷的时间不计入审理期限。

四类案件：(1) 侦查羁押的期限，可以延长；
　　　　　　(2) 一审、二审的审限，可以延长。

7. 再审的审限

(1) 再审的案件，应当在作出提审、再审决定之日起 3 个月内审结，需要延长期限的，不得超过 6 个月。

(2) 接受抗诉的人民法院按照审判监督程序审判抗诉的案件，审限适用前述规定。

(3) 人民法院需要指令下级法院再审的，应当自接受抗诉之日起 1 个月内作出决定，下级法院的审限适用前述规定。

8. 期间的恢复

当事人由于不能抗拒的原因或者其他正当理由而耽误期限的，在障碍消除后 5 日内，可以申请顺延期限。

特别提示：民诉规定的期限为 10 日。

主观试题

试题一

案情：甲系 A 市法院刑事审判庭法官。2016 年 9 月，甲在审理本市乙所犯抢劫案中，违反法律规定认定乙有立功情节，对乙减轻处罚，判处有期徒刑 10 年，乙的弟弟为此向甲行贿 50 万元。甲为规避法律，让其侄子丙代为收钱并保管。

2018 年 11 月，A 市监察委接到举报后对甲立案调查。调查中另查明，甲在担任审判监督庭法官时，有徇私舞弊减刑的行为。A 市监察委对本案调查终结，移送 A 市检察机关审查起诉。检察机关以甲涉嫌受贿罪和徇私舞弊减刑罪向 A 市法院提起公诉，同时以丙构成掩饰、隐瞒犯罪所得罪另案起诉。法院审理期间，甲一改拒绝认罪的态度，主动承认了被指控的犯罪，并自愿接受处罚，法院按照认罪认罚从宽的规定，对甲从轻作出了判决。一审判决后检察机关没有抗诉，甲未上诉，一审判决生效。

问题：

1. 本案在管辖上有无问题？请说明理由。

2. 丙涉嫌掩饰、隐瞒犯罪所得罪在未经立案调查或侦查的前提下，检察机关能否径行起诉，为什么？

3. 如本案中甲的行为既涉及监察机关管辖的犯罪，又涉及公安机关、检察机关管辖的犯罪，关于管辖处理的原则是什么？

4. A 市法院按照认罪认罚从宽的规定对甲从轻作出判决，是否符合法律规定？请说明理由。

试题二

案情：犯罪嫌疑人段某，1980 年出生，甲市丁区人，自幼患有间歇性精神分裂症而辍学在社会上流浪，由于生活无着落便经常偷拿东西。2014 年 3 月，段某窜至丁区一小区内行窃时被事主发现，遂用随身携带的刀子将事主刺成重伤夺路逃走。此案丁区检察院以抢

要点提炼

劫罪起诉到丁区法院，被害人的家属提起附带民事诉讼。丁区法院以抢劫罪判处段某有期徒刑 10 年，赔偿被害人家属 3 万元人民币。段某以定性不准、量刑过重为由提起上诉。甲市中级法院二审中发现段某符合强制医疗条件，决定发回丁区法院重新审理。

丁区法院对段某依法进行了精神病鉴定，结果清晰表明段某患有精神分裂症，便由审判员张某一人不公开审理，检察员马某和被告人段某出庭分别发表意见。庭审后，法庭作出对段某予以强制医疗的决定。

问题：

1. 结合本案，简答强制医疗程序的适用条件。

2. 如中级法院直接对段某作出强制医疗决定，如何保障当事人的救济权？

3. 发回重审后，丁区法院的做法是否合法？为什么？

4. 发回重审后，丁区法院在作出强制医疗决定时应当如何处理被害人家属提出的附带民事诉讼？

主观试题参考答案及详解

试题一

1. 【参考答案】本案立案管辖正确，审判管辖有误。

（1）本案的立案管辖正确。根据《监察法》第 11 条规定，监察委员会对职务违法和职务犯罪履行调查职责。本案中，甲涉嫌受贿罪和徇私舞弊减刑罪，A 市监察委接到举报后有权对甲立案调查。

（2）本案的审判管辖的地区管辖存在不妥之处。甲原为 A 市法院法官，该院审判人员与其为同事关系，应当回避而未回避。此案 A 市法院不宜行使管辖权，应请求移送上一级法院管辖。

【考点】立案管辖；审判管辖

【详解】《监察法》第 11 条规定："监察委员会依照本法和有关法律规定履行监督、调查、处置职责：（一）对公职人员开展廉政教育，对其依法履职、秉公用权、廉洁从政从业以及道德操守情况进行监督检查；（二）对涉嫌贪污贿赂、滥用职权、玩忽职守、权力寻租、利益输送、徇私舞弊以及浪费国家资财等职务违法和职务犯罪进行调查；（三）对违法的公职人员依法作出政务处分决定；对履行职责不力、失职失责的领导人员进行问责；对涉嫌职务犯罪的，将调查结果移送人民检察院依法审查、提起公诉；向监察对象所在单位提出监察建议。"

《刑事诉讼法》第 29 条规定："审判人员、检察人员、侦查人员有下列情形之一的，应当自行回避，当事人及其法定代理人也有权要求他们回避：（一）是本案的当事人或者是当事人的近亲属的；（二）本人或者他的近亲属和本案有利害关系的；（三）担任过本案的证人、鉴定人、辩护人、诉讼代理人的；（四）与本案当事人有其他关系，可能影响公正处理案件的。"

《刑诉解释》第 18 条规定："有管辖权的人民法院因案件涉及本院院长需要回避或者其他原因，不宜行使管辖权的，可以请求移送上一级人民法院管辖。上一级人民法院可以管辖，也可以指定与提出请求的人民法院同级的其他人民法院管辖。"

2. 【参考答案】答案一：对于丙涉嫌掩饰、隐瞒犯罪所得罪在未经立案调查或侦查的前提下，检察机关可以径行起诉。根据《高检规则》第 356 条的规定，人民检察院在办理公安机关移送起诉的案件中，发现遗漏罪行或者有依法应当移送起诉的同案犯罪嫌疑人未移送起诉的，对于犯罪事实清楚，证据确实、充分的，可以直接提起公诉。据此，起诉引导侦查、侦查为起诉服务，丙涉嫌掩饰、隐瞒犯罪所得罪若犯罪事实清楚，证据确实、充分，检察机关可以径行起诉。

答案二：对于丙涉嫌掩饰、隐瞒犯罪所得罪在未经立案调查或侦查的前提下，检察机关不能径行起诉。立案程序是刑事诉讼程序的必经阶段，起到案件过滤的作用，防止国家追诉权的滥用，未经立案侦查或立案调查直接起诉，违反了刑事诉讼法定程序的基本原则也不利于被追诉人的权利保障。

【考点】径行起诉

【详解】《高检规则》第356条规定："人民检察院在办理公安机关移送起诉的案件中，发现遗漏罪行或者有依法应当移送起诉的同案犯罪嫌疑人未移送起诉的，应当要求公安机关补充侦查或者补充移送起诉。对于犯罪事实清楚，证据确实、充分的，也可以直接提起公诉。"

3. 【参考答案】甲涉嫌受贿罪与徇私舞弊减刑罪，属于监察机关与检察机关管辖竞合的情形。根据《监察法》第34条的规定，一般应当以监察机关为主调查，其他机关予以协助。根据《高检规则》第17条的规定，检察机关应当与监察机关沟通，经沟通，认为全案由监察机关管辖更为适宜的，人民检察院应当将案件和相应职务犯罪线索一并移送监察机关；认为由监察机关和人民检察院分别管辖更为适宜的，人民检察院应当将监察机关管辖的相应职务犯罪线索移送监察机关，对依法由人民检察院管辖的犯罪案件继续侦查。

【考点】监察机关与检察机关管辖竞合

【详解】《监察法》第34条规定："人民法院、人民检察院、公安机关、审计机关等国家机关在工作中发现公职人员涉嫌贪污贿赂、失职渎职等职务违法或者职务犯罪的问题线索，应当移送监察机关，由监察机关依法调查处置。被调查人既涉嫌严重职务违法或者职务犯罪，又涉嫌其他违法犯罪的，一般应当由监察机关为主调查，其他机关予以协助。"

《高检规则》第17条规定："人民检察院办理直接受理侦查的案件，发现犯罪嫌疑人同时涉嫌监察机关管辖的职务犯罪线索的，应当及时与同级监察机关沟通。经沟通，认为全案由监察机关管辖更为适宜的，人民检察院应当将案件和相应职务犯罪线索一并移送监察机关；认为由监察机关和人民检察院分别管辖更为适宜的，人民检察院应当将监察机关管辖的相应职务犯罪线索移送监察机关，对依法由人民检察院管辖的犯罪案件继续侦查。人民检察院应当及时将沟通情况报告上一级人民检察院。沟通期间不得停止对案件的侦查。"

4. 【参考答案】法院按照认罪认罚从宽的规定，对甲从轻作出判决符合法律规定。认罪认罚从宽原则贯穿刑事诉讼阶段始终，在侦查、审查起诉、审判阶段都可以认罪认罚。据此，甲在审判阶段认罪认罚的，法院可以对甲从轻作出判决。

【考点】认罪认罚从宽处理

【详解】《刑事诉讼法》第15条规定："犯罪嫌疑人、被告人自愿如实供述自己的罪行，承认指控的犯罪事实，愿意接受处罚的，可以依法从宽处理。"

《关于适用认罪认罚从宽制度的指导意见》第49条规定："被告人当庭认罪认罚案件的处理。被告人在侦查、审查起诉阶段没有认罪认罚，但当庭认罪，愿意接受处罚的，人民法院应当根据审理查明的事实，就定罪和量刑听取控辩双方意见，依法作出裁判。"

试题二

1.【**参考答案**】强制医疗程序的适用条件为：（1）实施了危害公共安全或者严重危害公民人身安全的暴力行为。（2）经法定程序鉴定属依法不负刑事责任的精神病人。（3）有继续危害社会的可能。

【**考点**】强制医疗程序

【**详解**】《刑事诉讼法》第 302 条规定："实施暴力行为，危害公共安全或者严重危害公民人身安全，经法定程序鉴定依法不负刑事责任的精神病人，有继续危害社会可能的，可以予以强制医疗。"《刑诉解释》第 630 条规定："实施暴力行为，危害公共安全或者严重危害公民人身安全，社会危害性已经达到犯罪程度，但经法定程序鉴定依法不负刑事责任的精神病人，有继续危害社会可能的，可以予以强制医疗。"故对段某适用强制医疗程序的条件是，段某实施了危害公共安全或者严重危害公民人身安全的暴力行为，经法定程序鉴定属依法不负刑事责任的精神病人，有继续危害社会的可能。

2.【**参考答案**】中级法院应当告知段某及其法定代理人、近亲属对强制医疗决定不服的，可以向上一级人民法院申请复议。

【**考点**】当事人对强制医疗决定的救济

【**详解**】《刑事诉讼法》第 305 条第 2 款规定："被决定强制医疗的人、被害人及其法定代理人、近亲属对强制医疗决定不服的，可以向上一级人民法院申请复议。"此规定明确了一审程序被强制医疗的人、被害人及其法定代理人、近亲属对强制医疗决定不服的，可以向上一级法院申请复议，没有明确二审程序是否可以申请复议。从理论上讲，二审是终审程序，当事人不能再上诉，只能通过审判监督程序予以纠正。但按照我国《刑事诉讼法》关于审判监督程序的规定，只有法院的判决、裁定才可以申诉，不包括决定。因此，如果中级法院的强制医疗决定不允许复议，必将剥夺当事人的救济权。故《刑事诉讼法》第 305 条规定的被决定强制医疗的人、被害人及其法定代理人、近亲属对强制医疗决定不服的，可以向上一级法院申请复议，应作广义理解，既包括一审也包括二审，使得当事人的救济权利得以保障。因此，在本案中，中级法院应当告知段某及其法定代理人、近亲属对强制医疗决定不服的，可以向上一级人民法院申请复议。

3.【**参考答案**】不合法。按照《刑事诉讼法》和有关司法解释的规定，丁区法院有下列违法行为：（1）审理强制医疗应当组成合议庭进行；（2）本案被告人系成年人，所犯抢劫罪不属于不公开审理的案件；（3）审理强制医疗案件，应当通知段某的法定代理人到庭；（4）段某没有委托诉讼代理人，法院应当通知法律援助机构指派律师担任其诉讼代理人，为其提供法律援助。

【**考点**】强制医疗案件的审理程序

【**详解**】丁区法院的做法不合法。具体包括：

第一，《刑事诉讼法》第 304 条第 1 款规定："人民法院受理强制医疗的申请后，应当组成合议庭进行审理。"本案中，应当组成合议庭审理，不能由审判员张某一人审理。

第二，《刑诉解释》第 635 条第 1 款规定："审理强制医疗案件，应当组成合议庭，开庭审理。但是，被申请人、被告人的法定代理人请求不开庭审理，并经人民法院审查同意的除外。"本条是指强制医疗案件有不开庭审理的例外情况，而不是一律不公开审理。本案中，段某 1980 年出生，已经年满 18 周岁，是成年人，所犯抢劫罪不属于不公开审理的案件，故对该案应当公开审理。

第三，《刑事诉讼法》第 304 条第 2 款规定："人民法院审理强制医疗案件，应当通知被申请人或者被告人的法定代理人到场。……"《刑诉解释》第 638 条规定："第一审人民法院在审理刑事案件过程中，发现被告人可能符合强制医疗条件的，应当依照法定程序对被告人进行法医精神病鉴定。经鉴定，被告人属于依法不负刑事责任的精神病人的，应当适用强制医疗程序，对案件进行审理。开庭审理前款规定的案件，应当先由合议庭组成人员宣读对被告人的法医精神病鉴定意见，说明被告人可能符合强制医疗的条件，后依次由公诉人和被告人的法定代理人、诉讼代理人发表意见。经审判长许可，公诉人和被告人的法定代理人、诉讼代理人可以进行辩论。"所以，本案中，应当通知段某的法定代理人到庭。

第四，《刑事诉讼法》第 304 条第 2 款规定："人民法院审理强制医疗案件，……被申请人或者被告人没有委托诉讼代理人的，人民法院应当通知法律援助机构指派律师为其提供法律帮助。"故在本案中，段某没有委托诉讼代理人，法院应当通知法律援助机构指派律师担任其诉讼代理人，为其提供法律援助。

4.【参考答案】按照《刑事诉讼法》和有关司法解释的规定，对已经提起的附带民事诉讼，经调解不能达成协议的，可以一并作出刑事附带民事判决，也可以告知附带民事原告人另行提起民事诉讼。丁区法院应当就民事赔偿进行调解，调解不成，判决宣告被告人段某不负刑事责任，可以一并作出刑事附带民事判决，也可以告知附带民事原告人另行提起民事诉讼。同时作出对被告人段某强制医疗的决定。

【考点】强制医疗案件附带民事诉讼程序

【详解】《刑诉解释》第 197 条第 1 款规定："人民法院认定公诉案件被告人的行为不构成犯罪，对已经提起的附带民事诉讼，经调解不能达成协议的，可以一并作出刑事附带民事判决，也可以告知附带民事原告人另行提起民事诉讼。"

第三部分　行政诉讼法

专题一　行政诉讼的当事人

考点 1　行政诉讼中的原告

概念	是指与被诉行政行为具有利害关系，以自己的名义，向法院提起诉讼寻求权利保护的人。
主要类型	与被诉的行政行为有利害关系的公民、法人或者其他组织。 （1）行政相对人：行政行为直接针对的对象。 （2）行政相关人：并非行政行为直接针对的对象但其权利义务会受到行政行为影响的人。
特殊类案件原告的确定	（1）有权提起诉讼的公民死亡的，其近亲属可以自己的名义提起诉讼。 （2）公民被限制人身自由的，近亲属可以依该公民口头或者书面委托以该公民的名义提起诉讼。近亲属起诉时无法与该公民取得联系，近亲属可以先行起诉，并在诉讼中补充提交委托证明。 （3）事业单位、社会团体、基金会、社会服务机构等非营利法人的出资人、设立人、法定代表人可以自己的名义提起诉讼。 （4）业主委员会对于涉及业主共有利益的行政行为，可以自己的名义提起诉讼。业主委员会不起诉的，专有部分占建筑物总面积过半数或占总户数过半数的业主可以提起诉讼。 （5）合伙企业向人民法院提起诉讼的，应当以核准登记的字号为原告。未依法登记领取营业执照的个人合伙的全体合伙人为共同原告；全体合伙人可以推选代表人，被推选的代表人，应当由全体合伙人出具推选书。 （6）个体工商户向人民法院提起诉讼的，以营业执照上登记的经营者为原告。有字号的，以营业执照上登记的字号为原告，并应当注明该字号经营者的基本信息。

特殊类案件原告的确定	（7）股份制企业的股东大会、股东会、董事会等认为行政机关作出的行政行为侵犯企业经营自主权的，可以企业名义提起诉讼。 （8）联营企业、中外合资或者合作企业的联营、合资、合作各方，可以自己的名义提起诉讼。 （9）非国有企业被行政机关注销、撤销、合并、强令兼并、出售、分立或者改变企业隶属关系的，该企业或者其法定代表人可以提起诉讼。

考点 2　行政诉讼中的被告

概念	是指由原告指控其行政行为违法，经人民法院通知应诉的行政机关或法律法规规章授权的组织。
复议案件被告的确定	（1）复议维持：作出原行政行为的行政机关和复议机关是共同被告。 （2）复议改变：复议机关是被告。 （3）复议不作为：公民、法人或者其他组织起诉原行政行为的，作出原行政行为的行政机关是被告；起诉复议机关不作为的，复议机关是被告。
其他案件中被告的确认	（1）两个以上行政机关作出同一行政行为的，共同作出行政行为的行政机关是共同被告。 （2）行政机关委托的组织所作的行政行为，委托的行政机关是被告。 （3）行政机关组建并赋予行政管理职能但不具有独立承担法律责任能力的机构，以自己的名义作出行政行为，当事人不服提起诉讼的，应当以组建该机构的行政机关为被告。 （4）法律、法规或者规章授权行使行政职权的行政机关内设机构、派出机构或者其他组织，超出法定授权范围实施行政行为，当事人不服提起诉讼的，应当以实施该行为的机构或者组织为被告。 （5）没有法律、法规或者规章规定，行政机关授权其内设机构、派出机构或者其他组织行使行政职权的，属于《行政诉讼法》第26条规定的委托。当事人不服提起诉讼的，应当以该行政机关为被告。 （6）行政机关被撤销或者职权变更，没有继续行使其职权的行政机关的，以其所属的人民政府为被告；实行垂直领导的，以垂直领导的上一级行政机关为被告。 （7）当事人对村民委员会或者居民委员会依据法律、法规、规章的授权履行行政管理职责的行为不服提起诉讼的，以村民委员会或者居民委员会为被告。 （8）当事人对村民委员会、居民委员会受行政机关委托作出的行为不服提起诉讼的，以委托

其他案件中被告的确认	的行政机关为被告。 （9）当事人对高等学校等事业单位以及律师协会、注册会计师协会等行业协会依据法律、法规、规章的授权实施的行政行为不服提起诉讼的，以该事业单位、行业协会为被告。 （10）当事人对高等学校等事业单位以及律师协会、注册会计师协会等行业协会受行政机关委托作出的行为不服提起诉讼的，以委托的行政机关为被告。 （11）市、县级人民政府确定的房屋征收部门组织实施房屋征收与补偿工作过程中作出行政行为，被征收人不服提起诉讼的，以房屋征收部门为被告。 （12）征收实施单位受房屋征收部门委托，在委托范围内从事的行为，被征收人不服提起诉讼的，应当以房屋征收部门为被告。 （13）当事人对由国务院、省级人民政府批准设立的开发区管理机构作出的行政行为不服提起诉讼的，以该开发区管理机构为被告。 （14）对由国务院、省级人民政府批准设立的开发区管理机构所属职能部门作出的行政行为不服提起诉讼的，以其职能部门为被告。 （15）对其他开发区管理机构所属职能部门作出的行政行为不服提起诉讼的，以开发区管理机构为被告；开发区管理机构没有行政主体资格的，以设立该机构的地方人民政府为被告。

考点 3 第三人

特征	与被诉的行政行为有利害关系但未起诉或同案件处理结果具有利害关系。
种类	（1）原告型第三人：与被诉的行政行为有利害关系，本身自己有原告资格在他人起诉时未起诉的公民、法人。 （2）证据型第三人：协助法院查明案件事实的第三人，如在行政许可、裁决、确权案件中，行政行为的受益人即为证据型第三人。 （3）被告型第三人：本来应当成为被告，但是原告没有起诉的行政机关或者法律法规规章授权的组织。

续表

参加诉讼程序	（1）参加诉讼的时间：第三人参加行政诉讼，须在原、被告的诉讼程序已开始，判决未作出以前。 （2）参加的形式：申请参加、法院通知参加。 ①同一个行政行为涉及两个以上利害关系人，一部分利害关系人起诉的，应当通知另外一部分没有起诉的利害关系人作为第三人参加诉讼。 ②同一类行政行为涉及两个以上行政相对人，一部分行政相对人起诉的，可以通知另外一部分没有起诉的行政相对人作为第三人参加诉讼。 （3）诉讼地位：第三人享有当事人的诉讼地位，对第三人作出不利裁判的，第三人享有上诉和申请再审的权利。

 要点提炼

【专题练习】

1. 一公司为股份制企业，认为行政机关作出的决定侵犯企业经营自主权，下列哪些主体有权以该公司的名义提起行政诉讼？

A. 股东　　　　　　　　　　　　B. 股东大会

C. 股东代表大会　　　　　　　　D. 董事会

2. 村民甲、乙因自留地使用权发生争议，乡政府作出处理决定，认定使用权归属甲。乙不服向县政府申请复议，县政府以甲乙二人争议属于农村土地承包经营纠纷，乡政府无权作出处理决定为由，撤销乡政府的决定。甲不服向法院起诉。下列说法正确的是：

A. 县政府撤销乡政府决定的同时应当确定系争土地权属

B. 甲的代理人的授权委托书应当载明委托事项和具体权限

C. 本案被告为县政府

D. 乙与乡政府为本案的第三人

【专题练习答案及详解】

1. BCD。《最高人民法院关于适用〈中华人民共和国行政诉讼法〉的解释》第16条第1款规定，股份制企业的股东大会、股东会、董事会等认为行政机关作出的行政行为侵犯企业经营自主权的，可以企业名义提起诉讼。BCD项应选。

2. BC。根据行政行为的有限性原则以及司法制度中的"不告不理"传统，复议机关须根据行政复议申请人的复议请求作出复议决定，相对人未提出的复议请求事项（除《行政复议法》第72条规定的行政赔偿外），原则上行政复议机关不得自行作出决定，故A项错误。根据《最高人民法院关于适用〈中华人民共和国行政诉讼法〉的解释》第31条规定，当事人委托诉讼代理人，应当向人民法院提交由委托人签名或者盖章的授权委托书。委托书应当载明委托事项和具体权限。B项正确。根据《行政诉讼法》第26条第2款规定，经复议的案件，复议机关决定维持原行政行为的，作出原行政行为的行政机关和复议机关是共同被告；复议机关改变原行政行为的，复议机关是被告。由于县政府的复议决定改变了原来乡政府的处理意见，因此复议机关县政府为本案的被告。C项正确。根据《行政诉讼法》第29条第1款规定，第三人必须同被诉行政行为或案件处理结果有利害关系。本题中，县政府决定以及案件事实认定等案件处理结果不实际影响乡政府的权利义务，故乡政府不是本案利害关系人，乡政府不得为本案第三人，D项错误。综上，本题选BC。

专题二　证　　据

考点 4　证据提供

	原告（第三人）	被告	法院（不是举证责任）
举证责任	公民、法人或者其他组织向人民法院起诉时，应当提供其符合起诉条件的相应的证据材料。	被告对作出的行政行为负有举证责任。	依职权调取的情形：（1）涉及国家利益、公共利益或者他人合法权益的事实认定的；（2）程序性事项的。
	在行政赔偿、补偿案件中，原告应当对被诉行政行为造成损害的事实提供证据。因被告原因导致原告无法举证的，由被告承担举证责任。	（1）被告认为原告起诉超过法定期限的，由被告承担举证责任。（2）国家赔偿案件中，被告应对被羁押人死亡或丧失行为能力与被告的行为之间是否存在因果关系承担举证责任。	依原告或第三人申请的情形：（1）由国家机关保存而须由人民法院调取的证据材料；（2）涉及国家秘密、商业秘密、个人隐私的证据材料；（3）确因客观原因不能自行收集的其他证据材料。
	原告可以提供证明行政行为违法的证据。但该证据不成立不免除被告的举证责任。		
	在起诉被告不作为的案件中，原告应当提供其在行政程序中曾经提出申请的证据材料，但被告应当依职权主动履行法定职责、原告因正当理由不能提供证据的除外。	在诉讼过程中，被告及其诉讼代理人不得自行向原告、第三人和证人收集证据。	人民法院不得为证明被诉行政行为的合法性，调取被告在作出行政行为时未收集的证据。
		被告在作出行政行为时已收集但因不可抗力不能提供的，经人民法院允许可以补充证据。	

	原告（第三人）	被告	法院（不是举证责任）
提供证据的时间	应当在开庭审理前或者人民法院指定的交换证据之日提供证据。	收到起诉状副本之日起15日内，提供证据和所依据的规范性文件。	人民法院对不符合调取证据条件的申请，应当向当事人或者其诉讼代理人送达通知书，说明不准许调取的理由。
	因正当事由申请延期提供证据的，经人民法院准许，可以在法庭调查中提供。	原告或者第三人提出其在行政程序中没有提出的反驳理由或者证据的，经人民法院准许，被告可以在第一审程序中补充相应的证据。	当事人及其诉讼代理人可以在收到不予调取通知书之日起3日内向受理申请的人民法院书面申请复议一次。人民法院应当在收到复议申请之日起5日内作出答复。
	原告或者第三人在第一审程序中无正当事由未提供而在第二审程序中提供的证据，人民法院不予采纳。	被告因不可抗力或者客观上不能控制的其他正当事由不能提供证据，应当在收到起诉状副本之日起10日内向人民法院提出延期提供证据的书面申请。	人民法院需要调取的证据在异地的，可以书面委托证据所在地人民法院调取。
			当事人申请人民法院调取的证据，由申请调取证据的当事人在庭审中出示，并由当事人质证。 人民法院依职权调取的证据，由法庭出示，并可就调取该证据的情况进行说明，听取当事人意见。

考点5　证据认定

可以直接认定的事实	（1）众所周知的事实；（2）自然规律及定理；（3）按照法律规定推定的事实；（4）已经依法证明的事实；（5）根据日常生活经验法则推定的事实。 （1）、（3）、（4）、（5）项，当事人有相反证据足以推翻的除外。
	生效的人民法院裁判文书或者仲裁机构裁决文书确认的事实，可以作为定案依据。但是如果发现裁判文书或者裁决文书认定的事实有重大问题的，应当中止诉讼，通过法定程序予以纠正后恢复诉讼。

不能作为定案依据的材料	（1）严重违反法定程序收集的证据材料； （2）以利诱、欺诈、胁迫、暴力等不正当手段获取的证据材料； （3）当事人无正当事由超出举证期限提供的证据材料； （4）在中华人民共和国领域以外或者在中华人民共和国香港特别行政区、澳门特别行政区和台湾地区形成的未办理法定证明手续的证据材料； （5）当事人无正当理由拒不提供原件、原物，又无其他证据印证，且对方当事人不予认可的证据的复制件或者复制品； （6）被当事人或者他人进行技术处理而无法辨明真伪的证据材料； （7）不能正确表达意志的证人提供的证言； （8）不具备合法性和真实性的其他证据材料； （9）以违反法律禁止性规定或者侵犯他人合法权益的方法偷拍、偷录等取得的证据材料； （10）被告在行政程序中依照法定程序要求原告提供证据，原告依法应当提供而拒不提供，却在诉讼程序中提供的证据，人民法院一般不予采纳； （11）被告及其诉讼代理人在作出行政行为后或者在诉讼程序中自行收集的证据； （12）被告在行政程序中非法剥夺公民、法人或者其他组织依法享有的陈述、申辩或者听证权利所采用的证据； （13）原告或者第三人在诉讼程序中提供的、被告在行政程序中未作为行政行为依据的证据； （14）复议机关在复议程序中收集和补充的证据，或者作出原行政行为的行政机关在复议程序中未向复议机关提交的证据，不能作为人民法院认定原行政行为合法的依据。
	具有下列情形的鉴定意见，人民法院不予采纳： （1）鉴定人不具备鉴定资格； （2）鉴定程序严重违法； （3）鉴定意见错误、不明确或者内容不完整。

不能单独作为定案依据	（1）未成年人所作的与其年龄和智力状况不相适应的证言； （2）与一方当事人有亲属关系或者其他密切关系的证人所作的对该当事人有利的证言，或者与一方当事人有不利关系的证人所作的对该当事人不利的证言； （3）应当出庭作证而无正当理由不出庭作证的证人证言； （4）难以识别是否经过修改的视听资料； （5）无法与原件、原物核对的复制件或者复制品； （6）一方当事人或者他人改动，对方当事人不予认可的证据材料； （7）其他不能单独作为定案依据的证据材料。
证明效力	（1）国家机关以及其他职能部门依职权制作的公文文书优于其他书证； （2）鉴定意见、现场笔录、勘验笔录、档案材料以及经过公证或者登记的书证优于其他书证、视听资料和证人证言； （3）原件、原物优于复制件、复制品； （4）法定鉴定部门的鉴定意见优于其他鉴定部门的鉴定意见； （5）法庭主持勘验所制作的勘验笔录优于其他部门主持勘验所制作的勘验笔录； （6）原始证据优于传来证据； （7）其他证人证言优于与当事人有亲属关系或者其他密切关系的证人提供的对该当事人有利的证言； （8）出庭作证的证人证言优于未出庭作证的证人证言； （9）数个种类不同、内容一致的证据优于一个孤立的证据； （10）以有形载体固定或者显示的电子数据交换、电子邮件以及其他数据资料，其制作情况和真实性经对方当事人确认，或者以公证等其他有效方式予以证明的，与原件具有同等的证明效力。
当事人认可	庭审中一方当事人或者其代理人在代理权限范围内对另一方当事人陈述的案件事实明确表示认可的，人民法院可以对该事实予以认定，但有相反证据足以推翻的除外。 在行政赔偿诉讼中，人民法院主持调解时当事人为达成调解协议而对案件事实的认可，不得在其后的诉讼中作为对其不利的证据。 在不受外力影响的情况下，一方当事人提供的证据，对方当事人明确表示认可的，可以认定该证据的证明效力；对方当事人予以否认，但不能提供充分的证据进行反驳的，可以综合全案情况审查认定该证据的证明效力。

【专题练习】

1. 经夏某申请，某县社保局作出认定，夏某晚上下班途中驾驶摩托车与行人发生交通事故受重伤，属于工伤。夏某供职的公司认为其发生交通事故系醉酒所致，向法院起诉要求撤销认定。某县社保局向法院提交了公安局交警大队交通事故认定书、夏某住院的病案和夏某同事孙某的证言。下列说法正确的是：

A. 夏某为本案的第三人

B. 某县社保局提供的证据均系书证

C. 法院对夏某住院的病案是否为原件的审查，系对证据真实性的审查

D. 如有证据证明交通事故确系夏某醉酒所致，法院应判决撤销某县社保局的认定

2. 梁某酒后将邻居张某某家的门、窗等物品砸坏。县公安局接警后，对现场进行拍照、制作现场笔录，并请县价格认证中心作价格鉴定意见，对梁某作出行政拘留 8 日处罚。梁某向法院起诉，县公安局向法院提交照片、现场笔录和鉴定意见。下列哪些说法是正确的？

A. 照片为书证

B. 县公安局提交的现场笔录无当事人签名的，不具有法律效力

C. 县公安局提交的鉴定意见应有县价格认证中心的盖章和鉴定人的签名

D. 梁某对现场笔录的合法性有异议的，可要求县公安局的相关执法人员作为证人出庭作证

【专题练习答案及详解】

1. **ACD**。夏某与本案具有利害关系，如果不参加诉讼对自己有利的工伤认定有可能被撤销，夏某一定要参加诉讼陈述事实、提供证据。因此夏某为本案第三人。A项正确。B项，夏某同事孙某的证言不属于书证，错误不选。《最高人民法院关于行政诉讼证据若干问题的规定》第56条规定，法庭应当根据案件的具体情况，从以下方面审查证据的真实性：（1）证据形成的原因；（2）发现证据时的客观环境；（3）证据是否为原件、原物，复制件、复制品与原件、原物是否相符；（4）提供证据的人或者证人与当事人是否具有利害关系；（5）影响证据真实性的其他因素。依据上述（3）所以C项正确。"如有证据证明交通事故确系夏某醉酒所致"，某县社保局的工伤认定则是建立在虚假证据基础上的，法院以没有相应事实根据为由判决撤销就是正确的，故而D项正确。

2. **ACD**。《最高人民法院关于行政诉讼证据若干问题的规定》第10条规定，当事人向人民法院提供书证的，应当符合下列要求：（1）提供书证的原件，原本、正本和副本均属于书证的原件。提供原件确有困难的，可以提供与原件核对无误的复印件、照片、节录本；（2）提供由有关部门保管的书证原件的复制件、影印件或者抄录件的，应当注明出处，经该部门核对无异后加盖其印章；（3）提供报表、图纸、会计账册、专业技术资料、科技文献等书证的，应当附有说明材料；（4）被告提供的被诉具体行政行为所依据的询问、陈述、谈话类笔录，应当有行政执法人员、被询问人、陈述人、谈话人签名或者盖章。法律、法规、司法解释和规章对书证的制作形式另有规定的，从其规定。故照片属于书证，A项正确。《最高人民法院关于行政诉讼证据若干问题的规定》第15条规定，被告向人民法院提供的现场笔录，应当载明时间、地点和事件等内容，并由执法人员和当事人签名。当事人拒绝签名或者不能签名的，应当注明原因。有其他人在现场的，可由其他人签名。法律、法规和规章对现场笔录的制作形式另有规定的，从其规定。由上述规定可知，现场笔录没有当事人签名，但注明原因或第三人签名佐证的，具有证据效力。B说法太绝对，故B项错误。《最高人民法院关于行政诉讼证据若干问题的规定》第14条规定，被告向人民法院提供的在行政程序中采用的鉴定结论，应当载明委托人和委托鉴定的事项、向鉴定部门提交的相关材料、鉴定的依据和使用的科学技术手段、鉴定部门和鉴定人鉴定资格的说明，并应有鉴定人的签名和鉴定部门的盖章。通过分析获得的鉴定意见，应当说明分析过程。故C项正确。《最高人民法院关于行政诉讼证据若干问题的规定》第44条第1项规定，对现场笔录的合法性或者真实性有异议的，原告或者第三人可以要求相关行政执法人员作为证人出庭作证。故D项正确。

专题三　行政诉讼一般程序

考点 6　行政诉讼一审程序的判决

适用条件	裁判内容
行政行为有下列情形之一的：（1）主要证据不足的；（2）适用法律、法规错误的；（3）违反法定程序的；（4）超越职权的；（5）滥用职权的；（6）明显不当的。	判决撤销或者部分撤销，并可以判决被告重新作出行政行为。
被告不履行法定职责的。	判决其在一定期限内履行。
被告依法负有给付义务的。	判决被告履行给付义务。
有下列情形之一的：（1）起诉被告不作为，理由不能成立的；（2）被诉行政行为合法但存在合理性问题的；（3）被诉行政行为合法，但因法律、政策变化需要变更或者废止的；（4）行政行为证据确凿，适用法律、法规正确，符合法定程序的；（5）原告申请被告履行法定职责或者给付义务理由不成立的；（6）其他应当判决驳回诉讼请求的情形。	应当判决驳回原告的诉讼请求。
有下列情形之一的：（1）行政行为依法应当撤销，但撤销会给国家利益、社会公共利益造成重大损害的；（2）行政行为程序轻微违法，但对原告权利不产生实际影响的。	应当作出确认被诉行政行为违法的判决，但不撤销行政行为。
有下列情形之一，不需要撤销或者判决履行的：（1）行政行为违法，但不具有可撤销内容的；（2）被告改变原违法行政行为，原告仍要求确认原行政行为违法的；（3）被告不履行或者拖延履行法定职责，判决履行没有意义的。	应当作出确认被诉行政行为违法的判决，并责令被诉行政机关采取相应的补救措施；造成损害的，依法判决承担赔偿责任。

适用条件	裁判内容
行政行为有实施主体不具有行政主体资格或者没有依据等重大且明显违法情形，原告申请确认行政行为无效的。	应当作出确认无效的判决，可以判令补救和赔偿。
行政处罚明显不当，或其他行政行为涉及对数额的确定、认定确有错误的。	可以判决变更。变更判决不得加重原告义务或减损原告权益。但利害关系人同为原告且诉讼请求相反的除外。

考点 7　行政诉讼简易程序

适用条件	特殊规定
（1）被诉行政行为是依法当场作出； （2）涉案款额 2000 元以下； （3）政府信息公开案件； （4）当事人同意适用简易程序。	（1）发回重审，再审案件不适用； （2）独任审理，45 日审结； （3）可转为普通程序。

考点 8　行政诉讼二审程序的处理

情形	裁判内容
原判决、裁定认定事实清楚，适用法律、法规正确的。	判决或裁定驳回上诉，维持原判决、裁定。
原判决、裁定认定事实错误或者适用法律、法规错误的。	依法改判、撤销或变更。
原判决认定基本事实不清、证据不足的。	发回原审人民法院重审，也可以查清事实后改判。当事人对重审案件的判决、裁定，可以上诉。
二审法院经审理认为原审法院不予受理或者驳回起诉的裁定确有错误，且起诉符合法定条件的。	应当裁定撤销原审法院的裁定，指令原审法院依法立案受理或者继续审理。
二审法院审理上诉案件，需要改变原审判决的。	应当同时对被诉行政行为作出判决。

续表

情形	裁判内容
原审判决遗漏了必须参加诉讼的当事人或者诉讼请求的。	二审法院应当裁定撤销原审判决，发回重审。
原审判决遗漏行政赔偿请求，二审法院经审查认为依法不应当予以赔偿的。	应当判决驳回行政赔偿请求。
原审判决遗漏行政赔偿请求，二审法院认为应当赔偿的。	应当确认被诉行政行为违法，可以对赔偿进行调解；调解不成，就赔偿部分发回重审。

要点提炼

【专题练习】

1. 交警大队以方某闯红灯为由当场处以 50 元罚款，方某不服起诉。法院适用简易程序审理。关于简易程序，下列哪些说法是正确的？

A. 由审判员一人独任审理

B. 法院应在立案之日起 30 日内审结，有特殊情况需延长的经批准可延长

C. 法院在审理过程中发现不宜适用简易程序的，裁定转为普通程序

D. 对适用简易程序作出的判决，当事人不得提出上诉

2. 县政府以某化工厂不符合国家产业政策、污染严重为由，决定强制关闭该厂。该厂向法院起诉要求撤销该决定，并提出赔偿请求。一审法院认定县政府决定违法，予以撤销，但未对赔偿请求作出裁判，县政府提出上诉。下列说法正确的是：

A. 本案第一审应由县法院管辖

B. 二审法院不得以不开庭方式审理该上诉案件

C. 二审法院应对一审法院的判决和被诉行政行为进行全面审查

D. 如二审法院经审查认为依法不应给予该厂赔偿的，应判决驳回其赔偿请求

【专题练习答案及详解】

1. AC。《行政诉讼法》第83条规定："适用简易程序审理的行政案件，由审判员一人独任审理，并应当在立案之日起四十五日内审结。"故A项正确，B项错误。《行政诉讼法》第84条规定："人民法院在审理过程中，发现案件不宜适用简易程序的，裁定转为普通程序。"故C项正确。《行政诉讼法》第85条规定："当事人不服人民法院第一审判决的，有权在判决书送达之日起十五日内向上一级人民法院提起上诉。当事人不服人民法院第一审裁定的，有权在裁定书送达之日起十日内向上一级人民法院提起上诉。"简易程序适用于第一审行政案件，对其判决不服，可以提出上诉。故D项错误。

2. CD。《行政诉讼法》第15条规定："中级人民法院管辖下列第一审行政案件：（一）对国务院部门或者县级以上地方人民政府所作的行政行为提起诉讼的案件；（二）海关处理的案件；（三）本辖区内重大、复杂的案件；（四）其他法律规定由中级人民法院管辖的案件。"本案被告为县政府，一审应当由市中级人民法院管辖。A项错误。《行政诉讼法》第86条规定："人民法院对上诉案件，应当组成合议庭，开庭审理。经过阅卷、调查和询问当事人，对没有提出新的事实、证据或者理由，合议庭认为不需要开庭审理的，也可以不开庭审理。"故本案如果没有新的事实、证据或者理由，合议庭认为不需要开庭审理的，也可以不开庭审理。B项错误。《行政诉讼法》第87条规定："人民法院审理上诉案件，应当对原审人民法院的判决、裁定和被诉行政行为进行全面审查。"本案二审法院应当对一审法院的判决和被诉行政行为进行全面审查。所以C项正确。《最高人民法院关于适用〈中华人民共和国行政诉讼法〉的解释》第109条第4款规定："原审判决遗漏行政赔偿请求，第二审人民法院经审查认为依法不应当予以赔偿的，应当判决驳回行政赔偿请求。"故D项正确。

专题四　特别行政诉讼程序

考点 9　行政协议诉讼

受案范围	公民、法人或者其他组织就下列行政协议提起行政诉讼的，人民法院应当依法受理：(1) 政府特许经营协议；(2) 土地、房屋等征收征用补偿协议；(3) 矿业权等国有自然资源使用权出让协议；(4) 政府投资的保障性住房的租赁、买卖等协议；(5) 符合规定的政府与社会资本合作协议；(6) 其他行政协议。
	因行政机关订立的下列协议提起诉讼的，不属于人民法院行政诉讼的受案范围：(1) 行政机关之间因公务协助等事由而订立的协议；(2) 行政机关与其工作人员订立的劳动人事协议。
当事人	原告：与行政协议有利害关系的公民、法人或者其他组织提起行政诉讼的，具有原告资格。
	被告：行政机关不能以原告身份起诉公民、法人或者其他组织，只能作为行政合同诉讼的被告。因行政机关委托的组织订立的行政协议发生纠纷的，委托的行政机关是被告。
管辖	当事人书面协议约定选择被告所在地、原告所在地、协议履行地、协议订立地、标的物所在地等与争议有实际联系地点的人民法院管辖的，人民法院从其约定，但违反级别管辖和专属管辖的除外。
起诉期限	公民、法人或者其他组织对行政机关不依法履行、未按照约定履行行政协议提起诉讼的，诉讼时效参照民事法律规范确定；对行政机关变更、解除行政协议等行政行为提起诉讼的，起诉期限依照行政诉讼法及其司法解释确定。 2015 年 5 月 1 日后订立的行政协议发生纠纷的，适用《行政诉讼法》及《关于审理行政协议案件若干问题的规定》。2015 年 5 月 1 日前订立的行政协议发生纠纷的，适用当时的法律、行政法规及司法解释。

审理	举证责任	被告对于自己具有法定职权、履行法定程序、履行相应法定职责以及订立、履行、变更、解除行政协议等行为的合法性承担举证责任。 原告主张撤销、解除行政协议的，对撤销、解除行政协议的事由承担举证责任。 对行政协议是否履行发生争议的，由负有履行义务的当事人承担举证责任。
	合法性审查	人民法院审理行政协议案件，应当对被告订立、履行、变更、解除行政协议的行为是否具有法定职权、是否滥用职权、适用法律法规是否正确、是否遵守法定程序、是否明显不当、是否履行相应法定职责进行合法性审查。 原告认为被告未依法或者未按照约定履行行政协议的，人民法院应当针对其诉讼请求，对被告是否具有相应义务或者履行相应义务等进行审查。
	调解	人民法院审理行政协议案件，可以依法进行调解，但不得损害国家利益、社会公共利益和他人合法权益。
	法律适用	人民法院审理行政协议案件，应当适用《行政诉讼法》的规定；《行政诉讼法》没有规定的，参照适用《民事诉讼法》的规定。
裁判		（1）确认协议无效或有效。 （2）确认协议未生效及补救。 （3）判决撤销协议。 （4）判决撤销变更、解除协议的行政行为。 （5）判决被告继续履行协议、采取补救措施。 （6）判决解除协议。 （7）确认变更、解除协议的行政行为合法及补救措施。 （8）判决赔偿、补偿或采取补救措施。

考点 10 行政公益诉讼

适用条件	（1）人民检察院在履行职责中发现生态环境和资源保护、食品药品安全、国有财产保护、国有土地使用权出让等领域负有监督管理职责的行政机关违法行使职权或者不作为，致使国家利益或者社会公共利益受到侵害的，应当向行政机关提出检察建议，督促其依法履行职责。 （2）行政机关应当在收到检察建议书之日起 2 个月内依法履行职责，并书面回复人民检察院。出现国家利益或者社会公共利益损害继续扩大等紧急情形的，行政机关应当在 15 日内书面回复。 （3）行政机关不依法履行职责的，人民检察院依法向人民法院提起诉讼。

提交材料	人民检察院提起行政公益诉讼应当提交下列材料： （1）行政公益诉讼起诉书，并按照被告人数提出副本； （2）被告违法行使职权或者不作为，致使国家利益或者社会公共利益受到侵害的证明材料； （3）已经履行诉前程序，行政机关仍不依法履行职责或者纠正违法行为的证明材料。
撤诉及变更诉讼请求	在行政公益诉讼案件审理过程中，被告纠正违法行为或者依法履行职责而使人民检察院的诉讼请求全部实现，人民检察院撤回起诉的，人民法院应当裁定准许。 人民检察院变更诉讼请求，请求确认原行政行为违法的，人民法院应当判决确认违法。
一审判决	人民法院区分下列情形作出行政公益诉讼判决： （1）被诉行政行为具有《行政诉讼法》第 74 条、第 75 条规定情形之一的，判决确认违法或者确认无效，并可以同时判决责令行政机关采取补救措施； （2）被诉行政行为具有《行政诉讼法》第 70 条规定情形之一的，判决撤销或者部分撤销，并可以判决被诉行政机关重新作出行政行为； （3）被诉行政机关不履行法定职责的，判决在一定期限内履行； （4）被诉行政机关作出的行政处罚明显不当，或者其他行政行为涉及对款额的确定、认定确有错误的，可以判决予以变更； （5）被诉行政行为证据确凿，适用法律、法规正确，符合法定程序，未超越职权，未滥用职权，无明显不当，或者人民检察院诉请被诉行政机关履行法定职责理由不成立的，判决驳回诉讼请求。 注意：人民法院可以将判决结果告知被诉行政机关所属的人民政府或者其他相关的职能部门。
上诉	人民检察院不服人民法院第一审判决、裁定的，可以向上一级人民法院提起上诉。
二审出庭	法院审理第二审案件，由提起公益诉讼的人民检察院派员出庭，上一级人民检察院也可以派员参加。

【专题练习】

1. 2020 年 6 月，某区政府设立临时机构后湖指挥部，负责后湖片区村庄整合房屋征收安置工作。甲与后湖指挥部签订《房屋拆迁安置协议》，约定安置房面积为 200 平方米。后湖指挥部以甲隐瞒在村庄整合中已享受安置房为由拒绝分配约定的房屋。甲不服，提起行政诉讼，请求法院判决确认协议有效，并判令被告继续履行协议。下列选项正确的是：

    A. 《房屋拆迁安置协议》为行政协议

    B. 后湖指挥部为本案被告

    C. 被告可以请求法院判令甲退还安置房

    D. 本案的诉讼时效参照民事法律规范确定

2. 某森林公安局对未办理《林木采伐许可证》砍伐林木的某公司罚款 3 万元，但没有责令其恢复原状。检察院认为应当责令该公司恢复原状，对森林公安局提出检察建议，但森林公安局没有根据建议要求该公司恢复原状，检察院将森林公安局起诉至法院。下列选项正确的是：

    A. 检察院应当提交已经履行诉前程序，行政机关仍不依法履行职责或者纠正违法行为的证明材料

    B. 此诉讼为行政公益诉讼

    C. 检察院的起诉期限为 6 个月

    D. 检察院在提起诉讼前应先向森林公安局提出检察建议

【专题练习答案及详解】

1. AD。《房屋拆迁安置协议》是"官"和"民"为了公共利益签订的具有行政法上行政征收权力义务关系的行政协议。A 项正确。《房屋拆迁安置协议》是区政府委托后湖指挥部与甲签订的，根据"谁委托，谁被告"的规则，本案被告为区政府。B 项错误。行政诉讼是"民告官"的行政诉讼，没有"官告民"的行政诉讼。《最高人民法院关于审理行政协议案件若干问题的规定》第 6 条规定："人民法院受理行政协议案件后，被告就该协议的订立、履行、变更、终止等提起反诉的，人民法院不予准许。"可知，行政诉讼中（含行政协议案件）被告不得提出反诉。C 项错误。甲起诉行政机关不履行行政协议，诉讼时效适用民事法律规范确定。D 项正确。

2. ABCD。《最高人民法院、最高人民检察院关于检察公益诉讼案件适用法律若干问题的解释》第 22 条，人民检察院提起行政公益诉讼应当提交下列材料：（1）行政公益诉讼起诉书，并按照被告人数提出副本；（2）被告违法行使职权或者不作为，致使国家利益或者社会公共利益受到侵害的证明材料；（3）已经履行诉前程序，行政机关仍不依法履行职责或者纠正违法行为的证明材料。A 项正确。森林公安应当责令该公司补种树木以恢复生态却没有责令恢复，构成不履行法定职责，检察院在提出检察建议后森林公安局仍不履行已经损害了公共利益，检察院可以提起行政公益诉讼。B 项正确。关于检察院提起行政公益诉讼的起诉期限，《最高人民法院、最高人民检察院关于检察公益诉讼案件适用法律若干问题的解释》并没有作出特别规定，根据该解释第 26 条规定："本解释未规定的其他事项，适用民事诉讼法、行政诉讼法以及相关司法解释的规定。"所以，检察院提起行政公益诉讼的起诉期限适用行政诉讼法的规定，即 6 个月。C 项正确。根据《最高人民法院、最高人民检察院关于检察公益诉讼案件适用法律若干问题的解释》第 21 条的规定，检察院必须履行诉前程序即提出检察建议，就森林公安局的不履行法定职责不得越过诉前程序直接向法院起诉。D 项正确。

专题五　行政诉讼数字记忆

数字	具体内容
"3 日"	（1）正式开庭 3 日前，人民法院应当通知当事人及其他参加人开庭的时间、地点。 （2）当事人提出的回避申请，人民法院应在 3 日内以口头或书面形式决定。
"5 日"	（1）起诉状副本应当在立案后 5 日内送达被告；答辩状副本应 5 日内发送原告。 （2）原审法院收到上诉状，应当在 5 日内将上诉状副本送达其他当事人。 （3）原审法院应当在收到答辩状之日起 5 日内将副本送达当事人。 （4）原审法院收到上诉状、答辩状，应当在 5 日内连同全部案卷和证据，报送第二审法院。
"7 日"	对于符合起诉条件的，应当登记立案，不能当场判定是否符合起诉条件的，应当在 7 日内决定是否立案。
"10 日"	（1）当事人不服人民法院第一审裁定的，有权在裁定书送达之日起 10 日内向上一级人民法院提起上诉。 （2）人民法院审理案件，当庭宣判的，应当在 10 日内发送判决书。 （3）当事人因不可抗力等以外的特殊情况不能行使诉讼权而请求延长时效的，应当在影响消除后 10 日内向法院提出，是否延长由法院决定。
"15 日"	（1）被告应当在收到起诉状副本之日起 15 日内提交作出行政行为的证据和所依据的规范性文件和答辩状。 （2）当事人不服人民法院第一审判决的，有权在判决书送达之日起 15 日内向上一级人民法院提起上诉。 （3）对方当事人应当在收到上诉状副本之日起 15 日内提交答辩状。 （4）不服复议决定的起诉时效期间一般为 15 日，但法律另有规定的可以少于 15 日。 （5）复议机关拒绝复议或不予答复的期限届满后 15 日内，可以提起行政诉讼。
"45 日"	适用简易程序审理的行政案件，应当在立案之日起 45 日内审结。

数字	具体内容
"60 日（2 个月）内"	（1）公民、法人或者其他组织申请行政机关履行法定职责，行政机关在接到申请之日起 2 个月内不履行的，公民、法人或者其他组织向人民法院提起诉讼，人民法院应当依法受理。 （2）接收司法建议的行政机关应当在收到司法建议之日起 60 日内予以书面答复。情况紧急的，人民法院可以建议制定机关或者其上一级行政机关立即停止执行该规范性文件。
"3 个月"	（1）法院审理上诉案件，应当在收到上诉状之日起 3 个月内作出终审判决。 （2）人民法院收到再审检察建议后，应当组成合议庭，在 3 个月内进行审查，发现原判决、裁定、调解书确有错误，需要再审的，依照《行政诉讼法》第 92 条规定裁定再审，并通知当事人。 （3）人民法院经审查认为规范性文件不合法的，可以在裁判生效之日起 3 个月内，向规范性文件制定机关提出修改或者废止该规范性文件的司法建议。 （4）没有强制执行权的行政机关申请人民法院强制执行其行政行为，应当自被执行人的法定起诉期限届满之日起 3 个月内提出。逾期申请的，除有正当理由外，人民法院不予受理。
"6 个月"	（1）一审案件的一般审限为立案后 6 个月。 （2）当事人直接起诉的，时效为知道行政行为后 6 个月内，法律有短于此期间的特别规定的从其规定。 （3）当事人申请再审，应当在判决、裁定发生法律效力后 6 个月内提出。
"2 年"	申请执行的期限为 2 年。
"5 年"	其他行政行为从作出之日起超过 5 年提起诉讼的，人民法院不予受理。
"20 年"	对涉及不动产的行政行为从作出之日起超过 20 年提起诉讼的，人民法院不予受理。

要点提炼

主观试题

试题一

案情：某公司系转制成立的有限责任公司，股东 15 人。全体股东通过的公司章程规定，董事长为法定代表人。对董事长产生及变更办法，章程未作规定。股东会议选举甲、乙、丙、丁四人担任公司董事并组成董事会，董事会选举甲为董事长。

后乙、丙、丁三人组织召开临时股东会议，会议通过罢免甲董事长职务并解除其董事，选举乙为董事长的决议。乙向区市场监管分局递交法定代表人变更登记申请，经多次补正后该局受理其申请。

其后，该局以乙递交的申请，缺少修改后明确董事长变更办法的公司章程和公司法定代表人签署的变更登记申请书等材料，不符合法律、法规规定为由，作出登记驳回通知书。

乙、丙、丁三人向市市场监管局提出复议申请，市市场监管局经复议后认定三人提出的变更登记申请不符合受理条件，分局作出的登记驳回通知错误，决定予以撤销。三人遂向法院起诉，并向法院提交了公司的章程、经过公证的临时股东会决议。

问题：

1. 如市市场监管局维持了区市场监管分局的行政行为，请确定本案中的原告和被告，并说明理由。

2. 如何确定本案的审理和裁判对象？如市市场监管局在行政复议中维持区市场监管分局的行为，有何不同？

3. 法院接到起诉状决定是否立案时通常面临哪些情况？如何处理？

4. 《行政诉讼法》对一审法院宣判有何要求？

试题二

案情：2013 年 10 月，甲县政府作出《关于同意取缔市集中式饮用水源一、二级保护区排污的批复》，文件中明确由甲县生态环境局负责组织实施该水源保护区内的乙公司等9个排污口的关停工作，但未制定相应补偿措施。为保护水源地，乙公司于2014年开始关停。2018年，乙公司向甲县政府投诉，申请对其按照国家政策给予一次性经济补偿或者迁址另建，免除关停期间的税费及土地使用费等。甲县政府于2020年5月作出《关于甲县乙公司等五家企业投诉问题的结案报告》，结论是"决定用司法途径解决投诉问题"。2020年7月，乙公司向甲县政府提交《搬迁补偿申请书》，要求其履行职责，对乙公司给予货币补偿，但甲县政府未予答复。2020年12月，乙公司向法院提起诉讼，要求判决甲县政府对其进行补偿。甲县政府辩称，原告未在合理期限内提出陈述申辩，起诉已超过诉讼时效，且关闭该企业的受益地是乙县，与甲县没有关系，乙公司应向乙县政府请求补偿。

材料一：《水污染防治法》（1984年5月11日第六届全国人民代表大会常务委员会第五次会议通过　1996年5月15日第一次修正　2008年2月28日修订　2017年6月27日第二次修正）

第六十六条　禁止在饮用水水源二级保护区内新建、改建、扩建排放污染物的建设项目；已建成的排放污染物的建设项目，由县级以上人民政府责令拆除或者关闭。

在饮用水水源二级保护区内从事网箱养殖、旅游等活动的，应当按照规定采取措施，防止污染饮用水水体。

材料二：《环境保护法》（1989年12月26日第七届全国人民代表大会常务委员会第十一次会议通过　2014年4月24日修订）

第三十一条　国家建立、健全生态保护补偿制度。国家加大对生态保护地区的财政转移支付力度。有关地方人民政府应当落实生态保护补偿资金，确保其用于生态保护补偿。

国家指导受益地区和生态保护地区人民政府通过协商或者按照市场规则进行生态保护补偿。

问题：

1. 本案管辖法院如何确定？为什么？
2. 本案被告如何确定？为什么？
3. 乙公司的起诉是否超过起诉期限？为什么？
4. 乙公司提出的补偿请求是否合理？为什么？
5. 甲县政府关于自己不是行政补偿主体的说法是否正确？为什么？
6. 本案法院应当如何判决？请说明理由。

主观试题参考答案及详解

试题一

1.【参考答案】乙、丙、丁为原告，被告为市市场监管局和区市场监管分局。

（1）本案中，针对区市场监管分局的决定，乙、丙、丁申请复议。如市市场监管局作出维持决定，根据《行政诉讼法》第26条第2款规定，复议机关维持原行政行为的，作出原行政行为的行政机关和行政复议机关是共同被告，故市市场监管局和区市场监管分局为共同被告。

（2）《行政诉讼法》第25条第1款规定，行政行为的相对人以及其他与行政行为有利害关系的公民、法人或者其他组织，有权提起诉讼。故乙、丙、丁为原告。

【考点】行政诉讼原告和被告

【详解】《行政诉讼法》第25条规定："行政行为的相对人以及其他与行政行为有利害关系的公民、法人或者其他组织，有权提起诉讼。有权提起诉讼的公民死亡，其近亲属可以提起诉讼。有权提起诉讼的法人或者其他组织终止，承受其权利的法人或者其他组织可以提起诉讼。人民检察院在履行职责中发现生态环境和资源保护、食品药品安全、国有财产保护、国有土地使用权出让等领域负有监督管理职责的行政机关违法行使职权或者不作为，致使国家利益或者社会公共利益受到侵害的，应当向行政机关提出检察建议，督促其依法履行职责。行政机关不依法履行职责的，人民检察院依法向人民法院提起诉讼。"

《行政诉讼法》第26条规定："公民、法人或者其他组织直接向人民法院提起诉讼的，作出行政行为的行政机关是被告。经复议的案件，复议机关决定维持原行政行为的，作出原行政行为的行政机关和复议机关是共同被告；复议机关改变原行政行为的，复议机关是被告。复议机关在法定期限内未作出复议决定，公民、法人或者其他组织起诉原行政行为的，作出原行政行为的行政机关是被告；起诉复议机关不作为的，复议机关是被告。两个以上行政机关作出同一行政行为的，共同作出行政行为的行政机关是共同被告。行政机关委托的组织所作的行政行为，委托的行政机关是被告。行政机关被撤销或者职权变更的，继续行使其职权的行政机关是被告。"

2.【参考答案】（1）本案的审理裁判对象是市市场监管局撤销区市场监管分局通知的行为。

（2）如果市市场监管局维持了区市场监管分局的行为，那么原行政行为（登记驳回通知书）和复议决定（撤销决定）均为案件的审理对象，法院应一并作出裁判。

【考点】行政诉讼的审理对象；行政诉讼举证责任

【详解】《行政诉讼法》第 79 条规定："复议机关与作出原行政行为的行政机关为共同被告的案件，人民法院应当对复议决定和原行政行为一并作出裁判。"

《最高人民法院关于适用〈中华人民共和国行政诉讼法〉的解释》第 135 条第 1 款、第 2 款规定："复议机关决定维持原行政行为的，人民法院应当在审查原行政行为合法性的同时，一并审查复议决定的合法性。作出原行政行为的行政机关和复议机关对原行政行为合法性共同承担举证责任，可以由其中一个机关实施举证行为。复议机关对复议决定的合法性承担举证责任。"

《最高人民法院关于适用〈中华人民共和国行政诉讼法〉的解释》第 136 条第 1 款规定："人民法院对原行政行为作出判决的同时，应当对复议决定一并作出相应判决。"

3.【参考答案】接到起诉状时，对符合法定起诉条件的，应当登记立案。当场不能判定的，应当接收起诉状，出具注明收到日期的书面凭证，并在 7 日内决定是否立案；不符合起诉条件的，作出不予立案的裁定；如起诉状内容欠缺或有其他错误的，应给予指导和释明，并一次性告知当事人需要补正的内容。不得未经指导和释明即以起诉不符合条件为由不接收起诉状。

【考点】行政诉讼立案程序

【详解】《行政诉讼法》第 51 条规定："人民法院在接到起诉状时对符合本法规定的起诉条件的，应当登记立案。对当场不能判定是否符合本法规定的起诉条件的，应当接收起诉状，出具注明收到日期的书面凭证，并在七日内决定是否立案。不符合起诉条件的，作出不予立案的裁定。裁定书应当载明不予立案的理由。原告对裁定不服的，可以提起上诉。起诉状内容欠缺或者有其他错误的，应当给予指导和释明，并一次性告知当事人需要补正的内容。不得未经指导和释明即以起诉不符合条件为由不接收起诉状。对于不接收起诉状、接收起诉状后不出具书面凭证，以及不一次性告知当事人需要补正的起诉状内容的，当事人可以向上级人民法院投诉，上级人民法院应当责令改正，并对直接负责的主管人员和其他直接责任人员依法给予处分。"

4.【参考答案】一律公开宣告判决。当庭宣判的，应当在 10 日内发送判决书；定期宣判的，宣判后立即发送判决书。宣判时，必须告知当事人上诉权利、上诉期限和上诉的法院。

【考点】行政诉讼宣判

【详解】《行政诉讼法》第 80 条规定："人民法院对公开审理和不公开审理的案件，一律公开宣告判决。当庭宣判的，应当在十日内发送判决书；定期宣判的，宣判后立即发给判决书。宣告判决时，必须告知当事人上诉权利、上诉期限和上诉的人民法院。"

试题二

1.【参考答案】本案应由中级人民法院管辖。本案被告为甲县政府，根据《行政诉讼法》第 15 条规定，对国务院部门或者县级以上地方人民政府所作的行政行为提起诉讼的第一审行政案件由中级人民法院管辖，故本案应由中级人民法院管辖。

【考点】级别管辖

【详解】《行政诉讼法》第15条规定："中级人民法院管辖下列第一审行政案件：（一）对国务院部门或者县级以上地方人民政府所作的行政行为提起诉讼的案件；（二）海关处理的案件；（三）本辖区内重大、复杂的案件；（四）其他法律规定由中级人民法院管辖的案件。"

2.【参考答案】本案被告为甲县政府。根据题干所述《水污染防治法》第66条的规定，关停应当由县级以上政府作出。本案中，甲县政府所作批复明确由甲县生态环境局负责组织实施关停工作，缺乏法律依据，根据《最高人民法院关于适用〈中华人民共和国行政诉讼法〉的解释》第20条第3款规定，该行为属于委托。根据《行政诉讼法》第26条第5款规定，应当以委托机关甲县政府为被告。

【考点】行政诉讼被告

【详解】《行政诉讼法》第26条第5款规定："行政机关委托的组织所作的行政行为，委托的行政机关是被告。"

《最高人民法院关于适用〈中华人民共和国行政诉讼法〉的解释》第20条第3款规定："没有法律、法规或者规章规定，行政机关授权其内设机构、派出机构或者其他组织行使行政职权的，属于行政诉讼法第二十六条规定的委托。当事人不服提起诉讼的，应当以该行政机关为被告。"

3.【参考答案】乙公司的起诉没有超过起诉期限。相关法律并未就地方人民政府作出补偿决定的期限作出明确规定，因此，根据《行政诉讼法》和《最高人民法院关于适用〈中华人民共和国行政诉讼法〉的解释》的规定，对于法律、法规没有规定行政机关履职期限的，行政机关自收到履职申请之日起2个月内未履职的，相关权利人可以在2个月期限届满之日起6个月内，对行政机关的不作为行为提起行政诉讼。据此，乙公司于2020年7月提出《搬迁补偿申请书》，甲县政府收到后至今未予答复，属于未履行法定职责，乙公司只要在甲县政府收到履职申请2个月期限届满之日起6个月内提起诉讼即可。乙公司于2020年12月向法院提起诉讼，故并未超过起诉期限。

【考点】行政诉讼起诉期限

【详解】《行政诉讼法》第47条第1款规定："公民、法人或者其他组织申请行政机关履行保护其人身权、财产权等合法权益的法定职责，行政机关在接到申请之日起两个月内不履行的，公民、法人或者其他组织可以向人民法院提起诉讼。法律、法规对行政机关履行职责的期限另有规定的，从其规定。"

《最高人民法院关于适用〈中华人民共和国行政诉讼法〉的解释》第66条规定："公民、法人或者其他组织依照行政诉讼法第四十七条第一款的规定，对行政机关不履行法定职责提起诉讼的，应当在行政机关履行法定职责期限届满之日起六个月内提出。"

4.【参考答案】乙公司提出的补偿请求合理。甲县政府作出的关停批复属于行政许可的撤回，应当给予被许可人合理的补偿。根据《行政许可法》的规定，基于公共利益需要撤回行政许可的，需要给相对人补偿。因此，乙公司有权请求甲县政府给予相应补偿。

【考点】行政补偿责任

【详解】《行政许可法》第8条规定："公民、法人或者其他组织依法取得的行政许可受法律保护，行政机关不得擅自改变已经生效的行政许可。行政许可所依据的法律、法规、规章修改或者废止，或者准予行政许可所依据的客观情况发生重大变化的，为了公共利益的需要，行政机关可以依法变更或者撤回已经生效的行政许可。由此给公民、法人或者其他组织造成财产损失的，行政机关应当依法给予补偿。"

5. 【参考答案】甲县政府关于自己不是行政补偿主体的说法错误。根据题干所述《环境保护法》第31条第3款规定，受益地区和生态保护地区人民政府均负有生态保护补偿的义务。据此，甲县政府作为生态保护地所在地政府亦负有行政补偿职责，不能以受益对象为乙县为由不予补偿。

【考点】行政补偿主体

【详解】受益主体是乙县，根据《环境保护法》第31条的规定，甲县与乙县可以就生态保护补偿问题进行协商，但此为内部程序，与乙公司的补偿请求责任主体确定无关。

6. 【参考答案】法院应判决甲县政府对乙公司的补偿请求重新作出处理。

根据《行政诉讼法》和《最高人民法院关于适用〈中华人民共和国行政诉讼法〉的解释》的规定，原告请求被告履行法定职责的理由成立，被告违法拒绝履行或者无正当理由逾期不予答复的，人民法院可以判决被告在一定期限内依法履行原告请求的法定职责；尚需被告调查或者裁量的，应当判决被告针对原告的请求重新作出处理。

据此，乙公司请求甲县政府履行法定职责的理由成立，甲县政府无正当理由逾期不予答复的，人民法院可以判决甲县政府在一定期限内依法履行乙公司请求的法定职责，由于乙公司的损失尚未调查清楚，需要甲县政府继续进行调查才能确定具体补偿数额，故应当判决甲县政府针对乙公司的请求重新作出处理。

【考点】行政诉讼履行判决

【详解】《行政诉讼法》第72条规定："人民法院经过审理，查明被告不履行法定职责的，判决被告在一定期限内履行。"

《最高人民法院关于适用〈中华人民共和国行政诉讼法〉的解释》第91条规定："原告请求被告履行法定职责的理由成立，被告违法拒绝履行或者无正当理由逾期不予答复的，人民法院可以根据行政诉讼法第七十二条的规定，判决被告在一定期限内依法履行原告请求的法定职责；尚需被告调查或者裁量的，应当判决被告针对原告的请求重新作出处理。"因此，法院应当判决甲县政府针对乙公司的补偿请求重新作出处理。

第四部分 三大诉讼法比较记忆

（一）管辖问题

1. 中级人民法院管辖范围之比较

民诉	（1）重大涉外案件； （2）在本辖区有重大影响的案件； （3）最高人民法院确定由中级人民法院管辖的案件，如专利纠纷案件等。
行诉	（1）对国务院部门或县级以上人民政府所作的行政行为提起诉讼的案件； （2）海关处理的案件； （3）本辖区内重大、复杂的案件； （4）其他法律规定由中级人民法院管辖的案件。
刑诉	（1）危害国家安全、恐怖活动案件； （2）可能判处无期徒刑、死刑的案件。

2. 一般地域管辖之比较

民诉	（1）被告所在地法院管辖为一般原则，原告所在地法院管辖为例外规定； （2）民事诉讼中有大量的特殊地域管辖的规定。
行诉	（1）最初作出行政行为的行政机关所在地法院管辖为一般原则；经过复议的案件，也可以由复议机关所在地法院管辖。 （2）对限制人身自由的行政强制措施提起的诉讼，由被告所在地或者原告所在地法院管辖。 （3）因不动产提起的诉讼，由不动产所在地法院管辖。
刑诉	（1）犯罪地法院管辖为主，被告人居住地法院管辖为辅； （2）最初受理地法院审判为主，主要犯罪地法院管辖为辅； （3）刑事诉讼中也有一些特殊地域管辖的规定。

（二）审判组织

1. 回避申请决定权

民诉	院长担任审判长或者独任审判员时的回避，由审判委员会决定；审判人员的回避，由院长决定；其他人员的回避，由审判长或者独任审判员决定。
行诉	院长担任审判长时的回避，由审判委员会决定；审判人员的回避，由院长决定；其他人员的回避，由审判长决定。
刑诉	（1）审判人员、检察人员、侦查人员的回避，应当分别由院长、检察长、公安机关负责人决定；院长的回避，由本院审判委员会决定；检察长和公安机关负责人的回避，由同级人民检察院检察委员会决定。 （2）法官助理、书记员、翻译人员和鉴定人，其回避问题由人民法院院长决定。

2. 公开审判的例外情形

民诉	行诉	刑诉
涉及国家秘密、个人隐私的案件或者法律另有规定的案件，应当不公开审理。 当事人申请不公开审理的离婚案件、涉及商业秘密的案件，可以不公开审理。	人民法院公开审理行政案件，但涉及国家秘密、个人隐私和法律另有规定的除外。涉及商业秘密的案件，当事人申请不公开审理的，可以不公开审理。	（1）有关国家秘密或者个人隐私的案件，不公开审理。 （2）涉及商业秘密的案件，当事人申请不公开审理的，可以不公开审理。 （3）开庭审理时被告人不满18周岁的案件，一律不公开审理。经未成年被告人及其法定代理人同意，未成年被告人所在学校和未成年人保护组织可以派代表到场。到场代表的人数和范围，由法庭决定。对依法公开审理，但可能需要封存犯罪记录的案件，不得组织人员旁听；有旁听人员的，应当告知其不得传播案件信息。

（三）诉讼主体

1. 诉讼参与人

	民诉	行诉	刑诉
诉讼参与人（诉讼参加人）	当事人、法定代理人、诉讼代理人、委托代理人、证人、鉴定人、勘验人员和翻译人员。		当事人、法定代理人、诉讼代理人、辩护人、证人、鉴定人和翻译人员。
当事人	原告、被告、共同诉讼人、第三人、诉讼代表人。		被害人、自诉人；犯罪嫌疑人、被告人；附带民事诉讼的原告人和被告人。
法定代理人	无诉讼行为能力人的监护人。		被代理人的父母、养父母、监护人和负有保护责任的机关、团体的代表。
诉讼代理人	法定诉讼代理人、委托诉讼代理人、指定诉讼代理人。		公诉：被害人及其法定代理人或者近亲属委托代为参加诉讼的人； 自诉：自诉人及其法定代理人委托代为参加诉讼的人； 附带民事：当事人及其法定代理人委托代为参加诉讼的人。

2. 近亲属范围之比较

民诉	行诉	刑诉
与当事人有夫妻、直系血亲、三代以内旁系血亲、近姻亲关系以及其他有抚养、赡养关系的亲属。	配偶、父母、子女、兄弟姐妹、祖父母、外祖父母、孙子女、外孙子女和其他具有扶养、赡养关系的亲属。	夫、妻、父、母、子、女、同胞兄弟姊妹。

（四）撤诉

1. 是否准予撤诉

民诉	在宣判前，原告自愿申请撤诉的，人民法院可以准许，也可以裁定不予准许；不准许原告撤诉的，可以在原告无正当理由拒不到庭时作出缺席判决。
行诉	在宣判前，原告申请撤诉的，人民法院可以裁定准许，也可以裁定不予准许；不准许原告撤诉的，可以在原告无正当理由拒不到庭时作出缺席判决。
刑诉	（1）公诉案件：在宣判前，人民检察院要求撤诉的，人民法院可以裁定准许，也可以裁定不予准许；（2）自诉案件：在宣判前，自诉人出于自愿撤诉的，人民法院应当准许。

2. 撤诉后的处理

民诉	原告撤诉或按撤诉处理后，当事人以同一诉讼请求再次起诉的，应予受理。
	原告撤诉或者按撤诉处理的离婚案件，没有新情况、新理由，6个月内又起诉的，不予受理。
行诉	原告撤诉后，又以同一事实和理由重新起诉的，法院不予立案； 准予撤诉的裁定确有错误，原告申请再审的，法院应当通过审判监督程序撤销原准予撤诉的裁定，重新对案件进行审理。
	原告未按规定的期限预交案件受理费，又不提出缓交、减交、免交申请，或者提出申请未经批准的，按自动撤诉处理。在按撤诉处理后，原告在法定期限内再次起诉，并依法解决诉讼费预交问题的，人民法院应予立案。
刑诉	在宣告判决前，检察院要求撤回起诉的，法院应当审查检察院撤回起诉的理由，并作出是否准许的裁定。
	法院裁定准许检察院撤诉的案件，没有新的事实、证据，检察院重新起诉的，应当退回人民检察院。除因证据不足而撤诉的以外，自诉撤诉后，就同一事实又告诉的，法院不予受理。

（五）审理程序

1. 申请顺延期限的规定

民诉	当事人因不可抗拒的事由或者其他正当理由耽误期限的，在障碍消除后的 10 日内，可以申请顺延期限，是否准许，由人民法院决定。
行诉	公民、法人或者其他组织因不可抗力或者其他不属于其自身的原因以外的其他特殊情况耽误法定期限的，在障碍消除后的 10 日内，可以申请延长期限，是否准许，由人民法院决定。
刑诉	当事人由于不能抗拒的原因或者其他正当理由而耽误期限的，在障碍消除后 5 日以内，可以申请继续进行应当在期满以前完成的诉讼活动。是否准许，由人民法院裁定。

2. 延期审理、中止诉讼与终结诉讼（中止审理、终结审理）

	民诉	行诉	刑诉
延期审理	（1）必须到庭的当事人和其他诉讼参与人有正当理由没有到庭的； （2）当事人临时提出回避申请的； （3）需要通知新证人到庭，调取新证据，重新鉴定、勘验，或者需要补充调查的； （4）其他。	（1）应当到庭的当事人和其他诉讼参与人有正当理由没有到庭的； （2）当事人临时提出回避申请且无法及时作出决定的；	（1）因为特殊原因，在较长时间内不宜交付审判的特别重大复杂的案件，由最高人民检察院报请全国人民代表大会常务委员会批准延期审理。 （2）在法庭审判过程中，遇有下列情形之一，影响审判进行的，可以延期审理： ①需要通知新的证人到庭，调取新的物证，重新鉴定或者勘验的； ②检察人员发现提起公诉的案件需要补充侦查，提出建议的（不得超过两次）； ③由于申请回避而不能进行审判的。

	民诉	行诉	刑诉
中止审理	（1）一方当事人死亡，需要等待继承人表明是否参加诉讼的； （2）一方当事人丧失诉讼行为能力，尚未确定法定代理人的； （3）作为一方当事人的法人或者其他组织终止，尚未确定权利义务承受人的； （4）一方当事人因不可抗力的事由不能参加诉讼的； （5）本案必须以另一案的审理结果为依据，而另一案尚未审结的； （6）其他。	（1）原告死亡，须等待其近亲属表明是否参加诉讼的； （2）原告丧失诉讼行为能力，尚未确定法定代理人的； （3）作为一方当事人的行政机关、法人或者其他组织终止，尚未确定权利义务承受人的； （4）一方当事人因不可抗力的事由不能参加诉讼的； （5）案件涉及法律适用问题，需要送请有权机关作出解释或者确认的； （6）案件的审判须以相关民事、刑事或者其他行政案件的审理结果为依据，而相关案件尚未审结的； （7）其他应当中止诉讼的情形。	在审判过程中，有下列情形之一，致使案件在较长时间内无法继续审理的，可以中止审理： （1）被告人患有严重疾病，无法出庭的； （2）被告人脱逃的； （3）自诉人患有严重疾病，无法出庭，未委托诉讼代理人出庭的； （4）由于不能抗拒的原因。 中止审理的原因消失后，应当恢复审理。中止审理的期间不计入审理期限。
终结（止）审理	（1）原告死亡，没有继承人，或者继承人放弃诉讼权利的； （2）被告死亡，没有遗产，也没有应当承担义务的人； （3）离婚案件一方当事人死亡的； （4）追索赡养费、扶养费、抚养费以及解除收养关系案件的一方当事人死亡的。	（1）原告死亡，没有近亲属或者近亲属放弃诉讼权利的； （2）作为原告的法人或者其他组织终止后，其权利义务的承受人放弃诉讼权利的。 因中止诉讼（1）（2）（3）原因中止诉讼满90日仍无人继续诉讼的，裁定终结诉讼，但有特殊情况的除外。	（1）情节显著轻微、危害不大，不认为是犯罪的； （2）犯罪已过追诉时效期限的； （3）经特赦令免除刑罚的； （4）依照刑法告诉才处理的犯罪，没有告诉或者撤回告诉的； （5）犯罪嫌疑人、被告人死亡的； （6）其他法律规定免予追究刑事责任的。

3. 二审的范围

民诉	第二审的审理应当围绕当事人上诉请求的有关事实和适用法律进行审查。当事人没有提出请求的，不予审理；但一审判决违反法律禁止性规定，或者损害国家利益、社会公共利益或者他人合法利益的除外。
行诉	人民法院审理上诉案件，应当对原审人民法院的判决、裁定和被诉行政行为进行全面审查。
刑诉	第二审人民法院应当就第一审判决认定的事实和适用法律进行全面审查，不受上诉或者抗诉范围的限制。 共同犯罪的案件只有部分被告人上诉的，应当对全案进行审查，一并处理。

4. 一审、二审、再审审限之比较

民诉	一审	（1）普通程序：应当在立案之日起 6 个月内审结，有特殊情况需要延长的，经本院院长批准，可以延长 6 个月，还需要延长的，报请上级法院批准。 （2）简易程序：应当在立案之日起 3 个月内审结；审理期限到期后，有特殊情况需要延长的，经本院院长批准，可以延长 1 个月。延长后的审理期限累计不得超过 4 个月。 （3）小额诉讼程序：应当在立案之日起 2 个月内审结。有特殊情况需要延长的，经本院院长批准，可以延长 1 个月。
	二审	（1）对判决上诉的案件：应当在第二审立案之日起 3 个月内审结，有特殊情况需要延长的，由本院院长批准。 （2）对裁定上诉的案件：应当在第二审立案之日起 30 日内作出终审裁定，有特殊情况需要延长审限的，由本院院长批准。
	再审	再审案件按照第一审程序或者第二审程序审理的，适用民事诉讼法相应的审限。
行诉	一审	（1）应当在立案之日起 6 个月内作出第一审判决。有特殊情况需要延长的，由高级人民法院批准，高级人民法院审理第一审案件需要延长的，由最高人民法院批准。 （2）基层人民法院申请延长审理期限，应当直接报请高级人民法院批准，同时报中级人民法院备案。
	二审	人民法院审理上诉案件，应当在收到上诉状之日起 3 个月内作出终审判决；有特殊情况需要延长的，由高级人民法院批准，高级人民法院审理上诉案件需要延长的，由最高人民法院批准。
	再审	再审案件按照第一审程序或第二审程序审理的，适用原审限规定。

续表

刑诉	一审	（1）公诉案件：应当在受理后 2 个月以内宣判，至迟不得超过 3 个月。对于可能判处死刑的案件或者附带民事诉讼的案件，以及有《刑事诉讼法》第 158 条规定情形之一的，经上一级人民法院批准，可以延长 3 个月；因特殊情况还需要延长的，报请最高人民法院批准。人民法院改变管辖的案件，从改变后的人民法院收到案件之日起计算审理期限。人民检察院补充侦查的案件，补充侦查完毕移送人民法院后，人民法院重新计算审理期限。 （2）自诉案件：①被告人被羁押的，应当在受理后 2 个月以内宣判，至迟不得超过 3 个月。对于可能判处死刑的案件或者附带民事诉讼的案件，以及有《刑事诉讼法》第 158 条规定情形之一的，经上一级人民法院批准，可以延长 3 个月；因特殊情况还需要延长的，报请最高人民法院批准。人民法院改变管辖的案件，从改变后的人民法院收到案件之日起计算审理期限。②未被羁押的，应当在受理后 6 个月以内宣判。 （3）适用简易程序审理案件，人民法院应当在受理后 20 日以内审结；对可能判处的有期徒刑超过 3 年的，可以延长至 1 个半月。 （4）适用速裁程序审理案件，人民法院应当在受理后 10 日内审结；对可能判处的有期徒刑超过 1 年的，可以延长至 15 日。适用速裁程序审理案件，应当当庭宣判。
	二审	第二审人民法院受理上诉、抗诉案件，应当在 2 个月以内审结。对于可能判处死刑的案件或者附带民事诉讼的案件，以及有《刑事诉讼法》第 158 条规定情形之一的，经省、自治区、直辖市高级人民法院批准或者决定，可以延长 2 个月；因特殊情况还需要延长的，报请最高人民法院批准。最高人民法院受理上诉、抗诉案件的审理期限，由最高人民法院决定。
	再审	人民法院按照审判监督程序重新审判的案件，应当在作出提审、再审决定之日起 3 个月以内审结，需要延长期限的，不得超过 6 个月。

5. 再审案件应否停止原裁判的执行

民诉	按照审判监督程序决定再审的案件，裁定中止原判决、裁定、调解书的执行，但追索赡养费、扶养费、抚养费、抚恤金、医疗费用、劳动报酬等案件，可以不中止执行。
行诉	按照审判监督程序决定再审的案件，裁定中止原判决、裁定、调解书的执行，但支付抚恤金、最低生活保障费或者社会保险待遇的案件，可以不中止执行。
刑诉	再审期间不停止原判决、裁定的执行，但被告人可能经再审改判无罪，或者可能经再审减轻原判刑罚而致刑期届满的，可以决定中止原判决、裁定的执行，必要时，可以对被告人采取取保候审、监视居住措施。

图书在版编目（CIP）数据

2024 国家统一法律职业资格考试记忆通：学科版.
诉讼法／飞跃考试辅导中心编.—北京：中国法制出
版社，2023.12
ISBN 978-7-5216-3986-5

Ⅰ. ①2… Ⅱ. ①飞… Ⅲ. ①诉讼法–中国–资格考
试–自学参考资料 Ⅳ. ①D920.4

中国国家版本馆 CIP 数据核字（2023）第 232660 号

责任编辑：刘海龙   封面设计：杨鑫宇

2024 国家统一法律职业资格考试记忆通：学科版·诉讼法
2024 GUOJIA TONGYI FALÜ ZHIYE ZIGE KAOSHI JIYITONG：XUEKEBAN ·SUSONGFA

编者／飞跃考试辅导中心
经销／新华书店
印刷／廊坊一二〇六印刷厂
开本／850 毫米×1168 毫米 24 开   印张／9.75   字数／233 千
版次／2023 年 12 月第 1 版   2023 年 12 月第 1 次印刷

中国法制出版社出版
书号 ISBN 978-7-5216-3986-5   定价：28.00 元

北京市西城区西便门西里甲 16 号西便门办公区
邮政编码：100053   传真：010-63141600
网址：http：//www.zgfzs.com   编辑部电话：010-63141814
市场营销部电话：010-63141612   印务部电话：010-63141606

（如有印装质量问题，请与本社印务部联系。）

本书扉页使用含有中国法制出版社字样的防伪纸印制，
有这种扉页的"飞跃版"考试图书是正版图书。